元宇宙营销三板斧

赋能品牌破圈增长

卢彦 纳兰 ◎ 著

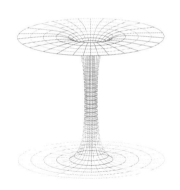

清华大学出版社
北京

内 容 简 介

作为元宇宙时代的营销指南，本书以"人、货、场"模型为底层架构，基于元宇宙营销的本质与未来发展趋势，结合大量品牌元宇宙实践案例，梳理了企业进军元宇宙的路径与步骤；按照"取势、明道、优术"的商业逻辑，系统地阐述了元宇宙为何兴起、如何落地、如何赋能实体经济和如何助力品牌破圈。

第1章带领读者开启元宇宙之旅，探讨元宇宙对传统营销"人、货、场"的重构；第2章讨论元宇宙营销之"货"——从IP的视角重新定义数字藏品；第3章讨论元宇宙营销之"人"——从DAO的视角重新定义数字分身；第4章讨论元宇宙营销之"场"——从社区的视角重新定义虚拟场景。

本书可供企业经营管理者和营销人员、电商、平台、直播带货主播阅读参考。

图书在版编目（CIP）数据

元宇宙营销三板斧：赋能品牌破圈增长 / 卢彦，纳兰著. — 北京：清华大学出版社，2023.9

ISBN 978-7-302-64432-3

Ⅰ. ①元… Ⅱ. ①卢… ②纳… Ⅲ. ①品牌营销 Ⅳ. ①F713.3

中国国家版本馆CIP数据核字（2023）第153486号

责任编辑：白立军　战晓雷
封面设计：杨玉兰
责任校对：李建庄
责任印制：杨　艳

出版发行：清华大学出版社
　　　　　网　　　址：http://www.tup.com.cn, http://www.wqbook.com
　　　　　地　　　址：北京清华大学学研大厦A座　　　　邮　　编：100084
　　　　　社 总 机：010-83470000　　　　　　　　　　邮　　购：010-62786544
　　　　　投稿与读者服务：010-62776969, c-service@tup.tsinghua.edu.cn
　　　　　质量反馈：010-62772015, zhiliang@tup.tsinghua.edu.cn
印 装 者：三河市东方印刷有限公司
经　　销：全国新华书店
开　　本：148mm×210mm　　　印　　张：8.875　　字　　数：196千字
版　　次：2023年10月第1版　　　　　　　　　印　　次：2023年10月第1次印刷
定　　价：59.00元

产品编号：100482-01

卢彦是我的好朋友，在我 8 年前创立混序部落时，是最早期的混序小伙伴之一。我们可以说是中国在"大众创新，万众创业"时代最早一批尝试创立无边界的"去中心化社群"的开拓者。他在以后的时间里和许多小伙伴一起，致力于用社群重构组织和商业关系，搭建社群营销大众平台，传播社群理念，开拓社群经济，并总结了大量的实践，写下了《社群平台：赋能企业指数级增长》《社群三板斧：持续增长新功能》《社群 + 互联网 + 企业行动路线图》等著作，发表了《社群营销方法论：IP+ 社群 + 场景》《社群如何落地》《从构建到运营变现只需七步》等一系列阅读量 10 万 + 的文章。他是中国社群经济领域的先行者，是社群三板斧系统理论的创始人，为中国移动互联时代的社群经济发展做出了卓越贡献。

在互联网 + 的浪潮过后，元宇宙、DAO 组织、区块链、Web 3.0、NFT 和以 ChatGPT 为代表的人工智能扑面而来，这些去中心化的分布式开源新数字技术，通过对现实世界的虚拟化、数字化，对内容生产、经济模式、用户体验及沉浸式体验和交互形式进行了快速升级，通过整合成为独立的虚拟平台，由现实世界的映衬形成了现实世界的超越，是新型的社会数字生活空间。

元宇宙（metaverse）的概念源于 1992 年的科幻小说《雪崩》，用户以自定义的"化身"在其中进行活动，"共创、共享、共治"

分别代表生产力、生产关系、上层建筑三个虚拟社会的价值观。从应用层面看，元宇宙正处于行业发展的初级阶段，离成熟的形态仍有较大差距。与元宇宙相关的产业和理论实践的可拓展空间十分巨大。在众多的弄潮儿中，卢彦把他最擅长的领域"社群营销"与元宇宙进行了结合，开创性地提出了"元宇宙营销三板斧"的理论框架，把现实世界的"人、货、场"对应到元宇宙的"数字分身""数字藏品""虚拟场景"，并分别站在新的营销场景，从 IP 的角度重新定义了数字藏品，从 DAO 的角度重新定义数字分身，从社区的角度重新定义虚拟场景。对元宇宙营销进行了深度思考的理论探索。

在全球经济进入混沌期的当下，有部分人开始怀疑元宇宙是否还能维持生命力，像 ChatGPT 这样的生成型 AI 已经占据了技术炒作周期的顶层，几乎吸引了人们的全部目光，此外重要平台参与元宇宙的进程也有所减缓，尽管这样，仍有许多类别的品牌还在继续坚持部署元宇宙战略，以连接年轻消费者，培育社区并支持混合体验。百事可乐公司在 3 月份宣布了 14 年来的初次重大品牌重塑，并将元宇宙和 Web 3.0 纳入改革的一部分。还有像《堡垒之夜》和 RobCox 这样的游戏平台上的元宇宙活动，吸引了数以万计的玩家。其中有很大一部分是 Z 世代和 Alpha 世代的玩家。

可以说"元宇宙"依旧是当下品牌创新营销的重要形式，对于许多品牌来讲，元宇宙不仅仅是一个虚拟的销售空间，可以让品牌摆脱物理世界的约束，解锁新玩法，从而实现品牌价值的最大化。相比传统的营销方式，元宇宙营销在互动性、参与度、个性化、用户体验、高仿真等方面都有完全不同的感受，在品牌塑造、增值创新上不断创造新的价值节点。当然元宇宙的发展速度也受制于现实世界的"数字基建"速度，由构成的各项技术的发展速度决定，在5G网络、物联网、工业互联网、人工智能、云计算等大规模应用还在逐步完善，由于部分技术的快速发展，现实中仍然有不少公司进行了积极探索。其中全球著名品牌Nike是积极推动者之一，不仅大力投入虚拟产品的研发，还在元宇宙平台上建立了品牌虚拟专区。Nike首席执行官约翰·多纳霍认为Nike对元宇宙的积极探索是公司数字化转型的重要战略组成部分。元宇宙为Nike提供了一个连接玩家、运动员和艺术家的平台，并把体育、创意、游戏和文化的四个要素完善结合在一起。

在本书中，作者为读者选取了10个应用案例，将人与货搬入新的"元宇宙场"中，对"场"进行了重构。无论是公域场景的游戏、社交、购物，还是私域场景的NFT品牌社区、Web 3.0官网、VR/AR应用，根据用户画像和行为数据分析，体验设计和自动化推动的三个层面不断优化用户体验，从而形成场景中的用户转化闭环，这其中流转比流量更重要。

通过本书为我们描绘的元宇宙营销蓝图，我们完全可以有信心地展望未来，越来越多的品牌、玩家、用户到元宇宙社区，通过分布式的贡献，建立一个共创共生的新生态。作者的"虚实结合、相互共融、数字永生"的愿望及现实与虚拟互为彼此精准重合、孪生数字人、脑机共生人、AI硅基人、与人类共生的时代一定会到来。

就像作者在书中写到的："人类将在元宇宙中打造自己的数字化身，和活在现实中的世界没什么区别。这时个体肉身成为了毫无意义的皮囊，人类将彻底摆脱生老病死的束缚，迎来永生。"愿卢彦兄的梦想早日实现，以慰英年早逝之灵。

混序部落创始人　李文

2023 年 7 月 1 日于北京

在数字化的浪潮中，我们逐渐察觉到现实世界的限制和可能的不足。元宇宙作为一个崭新的概念和领域，不仅仅是技术的进步，更是人类对于未来、自由与无限可能的一种寄托和期待。本书正是在这样一个背景下诞生的，它不只是一本营销指南，更是一部探讨人类社会与文明未来发展的探索性文献。

本书采用了"人、货、场"的模型来剖析元宇宙，这一点让我颇为赞赏。这不仅是因为该模型清晰地梳理了企业如何布局元宇宙，更是因为它隐含地回答了一个哲学问题：在一个虚拟的、几乎无限可能的世界里，仍然不可或缺的是什么？答案就是"人"的需求与"货"的价值，以及它们在"场"中的互动和碰撞。

"取势、明道、优术"的商业逻辑，不仅适用于现实世界，也凸显了元宇宙环境下更为复杂的变量和未知数。这也是一种对东方智慧与西方科技相结合的最好诠释。如果说传统商业逻辑是一种"艺术"，那么在元宇宙里，这种"艺术"被推向了一个全新的"科学"维度。

本书从 Web 2.0 到 Web 3.0 的跨越，更是引人注目。它不仅是从"在线"到"在场"的转变，更是从单一信息交流到多维度社会互动的演化。在这个过程中，元宇宙成了一种"精神上的理想国"，它既是逃离现实的避风港，也是对现实世界的一种重新定义和改造。

总体而言，本书不仅是对元宇宙营销的全面解析，也是对未来社会形态、人的需求与价值观的一次反思。它提醒我们，在追求科技与创新的同时，不忘初心，不失人性，这才是走向未来的正确方式。

清华大学教授　沈阳

2023 年 7 月 1 日于北京

元宇宙让梦想照进现实

但凡人能想象到的事物，必定有人能将它实现。

——儒勒·凡尔纳

《庄子·齐物论》中描写了"庄周梦蝶"的故事："昔者庄周梦为胡蝶，栩栩然胡蝶也，自喻适志与！不知周也。俄然觉，则蘧蘧然周也。不知周之梦为胡蝶与，胡蝶之梦为周与？"意思是，有一天，庄子在草地上睡觉，做了一个梦。他在睡梦中觉得自己变成了一只蝴蝶，蝴蝶在空中翩然飞舞着，四处游荡，快乐得忘记了自己本来的样子，也忘记了自己是由庄子变化而成的。过了一会儿，庄子忽然醒了过来，但是梦境还清晰地印在他的脑海里。他起身看了看自己，又想了想梦中的事情，一时间有些迷惘，竟然弄不清自己到底是庄子还是蝴蝶——究竟是他在自己的梦中变成了蝴蝶，还是蝴蝶在它的梦中变成了庄子？

两千多年前，庄子一梦引起了后世对现实与梦境的无尽思考。庄子和蝴蝶，究竟哪个是真实，哪个是幻境？

两千多年后，人们对于这个哲学问题的探讨仍然在持续着，但如梦蝶般的体验已慢慢走入了人们的现实：虚拟现实、人工智能、数字分身，一个个我们或熟悉或陌生的词汇不断进入我们的生活。

"庄周梦蝶"的故事是古人对于现实和虚拟世界的关系的朴素思考，也是人们对于元宇宙的最初想象。

庄周和蝴蝶的关系，是蝶梦庄周，还是庄周梦蝶？这或许就是现实和梦境两个平行世界。在元宇宙中，你可以选择成为庄周，也可以化身为那只蝴蝶。只要你想，那里就是你的世界……

埃隆·马斯克在接受采访时说，按照我们现在的技术发展速度，总有一天能够制造出一个完全虚拟的世界，这是必然的事情。既然这个事情如此确定，那我们又怎么能确定自己不是在一个虚拟世界当中呢？

现如今，当"元宇宙"这个概念被一步步实现，当我们戴上眼镜，跟着意识走入另一个世界的时候，才发现原来庄周的梦和现实可以被打通。

在互联网革命之后，人工智能连接上元宇宙，不仅存在于游戏当中，还能让我们在 其中"生活"，现实和虚拟的世界产生了连接，用虚拟设计现实！

元宇宙这个词最早可以追溯至尼尔·斯蒂芬森（Neal Stephenson）1992 年出版的科幻小说《雪崩》（*Snow Crash*）。在书中，尼尔·斯蒂芬森描述了一个脱胎于现实世界并与之平行的网络世界——元宇宙（metaverse），所有现实世界中的个体在元宇宙中都拥有一个虚拟化身（avatar）。在未来，人们可以凭借虚拟化身完成任何在现实世界中可以实现的行为，也包括在现实世界中不可能完成的行为。人类可以通过 PC、移动设备、游戏主机、VR、AR 等多种平台，甚至通过脑机接口等未来技术，将生活、工作投射到元宇宙中，进行社交、娱乐、教育、交易、工作等活动，使其成为人类数字化生存迁徙的载体。

目前，市面上关于元宇宙的图书很多，"横看成岭侧成峰，远近高低各不同"。一千个人眼中有一千个元宇宙。但对于大多数企业家而言，他们并不关心那些黑科技有多厉害，也不讲硬件设备有多先进，更不谈系统、前端、后台等，他们只关心这一切对市场客户有哪些影响，如何应对，怎么领先同行。

电影《一代宗师》中有一段台词，勇哥问叶问："人家宫家六十四手千变万化，你们咏春就三板斧——摊、膀、伏，你怎么打啊？"叶问回答道："三板斧就够他受的了！"三板斧真正的意思是摊、膀、伏，这三种手法代表了咏春拳的主要结构。咏春拳不尚力量，结构才是咏春拳的灵魂，之所以能够做到以弱胜强，凭的就是结构的力量。这也是本书出版的初衷，什么是元宇宙的结构？能否像咏春拳一样用三板斧概括元宇宙的精髓？在研究了大量元宇宙实践案例后，作者终于发现了其背后的要素与系统。被誉为现代管理学之父的彼得·德鲁克认为："因为企业的目标是创造客户，因此企业有且只有两个基本功能——市场营销和创新。"

从营销的视角看，很多生意用"人、货、场"的模型解读，更容易让大多数人理解。现实世界的"人、货、场"对应到元宇宙就是"数字分身、数字藏品、虚拟场景"。在元宇宙中，尽管这三个要素的核心依然没变，但底层逻辑以及每个要素的价值已发生质的飞跃。

- 人的本质是关系。在元宇宙中，帮助品牌与消费者建立强关系，经营顾客的终身价值，抓手是社群运营，即数字分身。

- 货的核心是认知。在元宇宙中，帮助品牌抢占消费者的心智阵地，抓手是 IP 运营，即数字藏品。

- 场的目的是交易。在元宇宙中，帮助品牌提升消费者的客单价，抓手是场景设计，即虚拟场景。

本书的主旨是拨开笼罩在元宇宙表面的技术迷雾，回归商业本质，以"人、货、场"商业模型为基础回答元宇宙营销的核心问题，例如，在元宇宙中，"人、货、场"发生了哪些变化？如何借助元宇宙重构"人、货、场"？目前有哪些品牌已经在元宇宙开始布局企业的"人、货、场"？效果如何？怎么借鉴？基于以上一系列问题，本书分为 4 章。第 1 章系统阐述以下问题：什么是元宇宙？为什么元宇宙势不可当？当元宇宙成为商业的主旋律时，对品牌营销将产生哪些影响？第 2 章分析元宇宙之"货"，阐述以下问题：

无聊猿价值 50 亿元背后的商业逻辑是什么？如何从 IP 的角度设计数字藏品？那些耳熟能详的品牌是如何利用数字藏品实现破圈增长的？第 3 章分析元宇宙之"人"，阐述以下问题：数字分身的应用场景有哪些？如何从 DAO 的高度重新定义数字分身？第 4 章分析元宇宙之"场"，从 Web 2.0 到 Web 3.0 最大的变化就是从在线到在场。在元宇宙中，场的内涵远远超越了场景的基本属性，虚拟空间成为人们精神上的理想国。基于此，本章深入剖析一些品牌是如何基于 Web 3.0 全面布局元宇宙的。

在元宇宙中，人们可以发挥自己的想象和创造力，自由地探索、游玩、交流、生活和工作。我们可以逛街购物，到某个虚拟景点来一场说走就走的旅行，参观一个网上的艺术展览会、音乐会，参加一场虚拟节日的派对聚会，等等，我们甚至可以在家就能进入公司的虚拟办公室工作或在虚拟会议室开会讨论某个问题。比如，2022年，美国加利福尼亚大学伯克利分校由于受到疫情影响无法举行毕业典礼，于是学生们模拟真实校园环境，在沙盒游戏《我的世界》中建立了一个虚拟场景，借助相应的设备举办了一场令人难忘的毕业典礼。

当前，虚拟世界和现实世界之间的通道已经打开，无论是由实向虚、从虚向实，还是虚实结合、相互共融，元宇宙都可以帮助人们实现很多在现实世界难以企及的精神需求，因此，元宇宙不是复制一个与现实世界平行的宇宙，而是再造一个超越现实的宇宙，实现人类无限的梦想。

永生是人类一直以来的不懈追求。随着这场脱实入虚、虚实共生的变革不断推进，未来元宇宙或许会成为人类的另一种载体和形态。把现实的人类转移到虚拟世界中，可以让人类不再有生死——它通过下载足够的个人数据创建一个栩栩如生的数字化身，即使一个人去世后也能保留其个性，人的思想会在元宇宙中永生。美剧《上传新生活》就讲述了未来社会这样的故事：当你快要死去的时候，你可以将所有的记忆和意识上传到数字虚拟空间。数字空间本身就是另一个人类社会，你可以随时与现实空间中的亲友通过可视化场景互动，从而实现数字永生。如果所有的记忆和意识都可以上传，那么它们也可以下载。我们所需要的只是一个通过克隆、3D 打印或更高级的技术制造的碳基身体，作为记忆和意识的载体。

雅克·阿塔利在《未来简史》中说："认知革命是因为智人的DNA 起了一点儿小变化，让人类拥有了虚构的能力，创造了宗教国家、企业等概念，使其成为地球的统治者。那么未来，算法和生物技术将带来人类的第二次认知革命，完成从智人到神人的物种进化。我们终将抛弃肉身，将大脑泡在化学液体中或者让思想（电波）飘荡在宇宙中，获得永生，甚至化身为神。"

随着计算机技术和人工智能的发展，机器总有一天可以模拟人的大脑，拥有思考的能力甚至获得意识。此时，将大脑的所有信息编码并上传到机器上，便可复制出和现实世界的行为模式完全一样的人，并拥有之前的一切记忆。在元宇宙中，人类可以打造自己的数字化身，并能一直延续下去，和活在现实世界没什么区别。这时，人类的肉体成为毫无意义的皮囊。人类也由碳基生物蜕变为数字生物，彻底摆脱了生老病死的束缚，迎来永生。同时，元宇宙则由虚拟世界彻底变成人们所生存的现实世界。

现在听起来也许很科幻，但历史上有很多科幻已然成为现实。

只要人类不灭亡，想象力和创造力就不停止，一切皆有可能。

你所有的怀疑和不可能都只是技术问题。元宇宙商业之父马修·鲍尔说："一切科技问题都只是时间问题。"

元宇宙有着无限的想象空间，人类也走到了进化的十字路口。

最后，本着对互联网精神"开放、平等、协作、分享"的一贯奉行，作者一如既往、义无反顾地郑重声明，任何人都可以以自己喜欢的方式肆无忌惮、原封不动地引用或转载本书任何内容而无须注明出处，也无须顾忌侵权被诉。知识的价值不在于拥有，而在于应用分享。

古人云："独学而无友，则孤陋而寡闻。"作者的期望正像《超体》中诺曼教授所说的那样："生命只有一个目的，分享及传递所学的东西。"

作者

2023 年 8 月

03 第3章
元宇宙营销之"人"——从DAO的视角重新定义数字分身　133

04 第4章
元宇宙营销之"场"——从社区的视角重新定义虚拟场景　175

第 1 章

开启元宇宙之旅

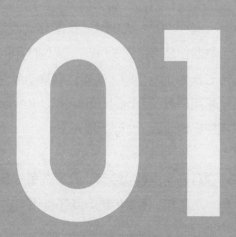

1.1 互联网的下一站：元宇宙

元宇宙将是互联网的下一篇章，是一个全新的互动方式，而它的发展也不止于此，期待未来有更多沉浸式的体验发生。

——Meta 大中华区总裁 梁幼莓

1.1.1 互联网的尽头是元宇宙

截至 2021 年 9 月，我国移动互联网月活用户数为 11.6 亿，互联网普及率达到 71.6%，人均使用的 App 数量为 26 个，月均使用时长为 160 小时，基本达到移动互联网的增长顶部，很难迎来新一轮用户数、人均时长和 ARPU（Average Revenue Per User，每用户平均收入）方面的提升。

互联网发展到今天，几乎在每一条细分赛道上都存在激烈的竞争。近两年，不管传统电商还是线下实体企业，都遇到同样的问题：

流量红利见顶。主流的互联网平台都面临着用户增速放缓的情况，即便是互联网巨头，例如腾讯、百度、阿里巴巴，2022 年三季度净利增长也都出现下降。这两年的"双 11"和"6·18"也足以说明问题，似乎一年比一年安静。即使新崛起的互联网平台拼多多、抖音、快手，也遇到了用户增长天花板。

根据《南华早报》发布的《中国互联网报告 2021》，中国电商平台获客成本 5 年内上涨了一倍。种种数据表明，国内市场的线上流量已经见顶，居高不下的获客成本和节节攀升的运营成本让很多企业不堪重负。

从技术角度而言，当前的互联网架构有着难以突破的瓶颈。技术服务于商业，并受商业所控。一切技术导向和产品体系都在围绕一个中心展开，由此形成了全球性高速扩张。时至今日，商业垄断频现，技术进步停滞，内卷化严重。几乎所有的互联网巨头都在探寻新的方向，抓紧时间布局新的内容，进行消费场景变革。面对元宇宙的风向变动，互联网巨头几乎不约而同地采取了跟风的做法。

过去互联网是中心化、数据垄断的，各大互联网厂家形成了数据孤岛。而从数据使用的效能看，互联互通才能发挥其更大价值。元宇宙天然具有反垄断基因，它没有中心，也没有所有者，是由无数个小元宇宙、子元宇宙构成的。Roblox 公司的联合创始人尼尔·瑞默（Neil Rimer）提出："元宇宙的能量将来自用户，而不是公司。

任何单独一家公司都不可能建立元宇宙，而是要依靠来自各方的集合力量。"Epic 游戏公司首席执行官蒂姆·斯威尼（Tim Sweeney）说："元宇宙并不会出现在某一家行业巨头手中，而需要数以百万计的人共同创作。"

元宇宙是什么？从不同视角看，对元宇宙会有不同的理解。从交互的视角看，元宇宙的特征就是一种虚拟的沉浸式体验；从经济的视角看，元宇宙的特征就是去中心化的经济系统，需要有构建明确归属权的数字资产的能力；从人的视角看，元宇宙又应该具备捏脸、换装、社交和 UGC（User Generated Content，用户生成内容）的属性和能力，以便用户能定义自己在元宇宙的角色形象并自由地行动；从工作的视角看，元宇宙又变成了一种虚拟的办公环境。总的来讲，可以将元宇宙视为现实世界的平行宇宙，具备现实世界的绝大多数要素，但又具有自己独特的"世界观"和"规则"。

在元宇宙时代，人们将具备多重身份，并且在多个宇宙间来回穿梭，分身乏术的问题可以在某种意义上解决。移动互联网满足了人们能想到的多种需求，提升了认知，开阔了眼界；而元宇宙丰富了人们的体验维度，使度过 N 个交叉的人生甚至"下辈子"的人生都成为可能，满足了人们自我实现的需要。

1.1.2　从营销的视角看元宇宙

知名咨询机构 Gartner 预测：到 2026 年，全球 25% 的人每天将至少在元宇宙中工作、购物、学习、社交或娱乐 1 小时，全球 30% 的企业机构将拥有用于元宇宙的产品和服务。通过从数字业务转向元宇宙业务，企业将能够以前所未有的方式扩大和加强它们的业务模式。在这里，我们至少可以看到两个核心观点：首先，将有大量的用户在元宇宙花费大量的时间，元宇宙将变为一个极为重要的营销阵地；其次，品牌企业必须抓紧时间布局元宇宙营销。在这个营销内卷的时代，元宇宙不仅能让用户体验"数字重生"，更有望为商业营销开辟第二战场。

那么，在元宇宙尚未真正降临的今天，我们应该如何思考元宇宙营销呢？这就需要我们回到对品牌营销的基本原理和基本要素的探索上来。营销管理大师菲利普·科特勒（Philip Kotler）曾指出：营销的本质是企业创造沟通和传递价值的能力，以及能够针对目标市场以获取利润。显然，无论是沟通价值还是传递价值，元宇宙都比移动互联网有质的飞跃和更为宏大的叙事场景。

百度集团品牌负责人曹语馨认为 Web 3.0 的到来意味着内容生产方式和品牌营销方式的改变。随着元宇宙、数字分身等 Web 3.0 基础设施的构建，品牌营销有了更大的想象空间。

短期来看，数字分身、NFT、元宇宙已经成为 Web 3.0 下衍生出的三大基础设施。其中，数字分身是参与 Web 3.0 交互的虚拟化身，NFT 是支撑 Web 3.0 经济体系的核心要素，元宇宙则是开放的 Web 3.0 空间，虚拟世界里的三大基础设施分别对应现实世

界中的"人、货、场"。

数字分身(avatar)可以理解为元宇宙中的"人"。数字分身并不完全等同于现实世界中的人。相信很多人有过这样的经历或者想法：有可能某人是个女生，但是在游戏或者社交工具中，她把自己设定为高大威猛的壮汉，如《头号玩家》里的绿洲。这种行为可以根据弗洛伊德的本我、自我、超我理论理解。现实中的个体更多地表达的是"自我"的状态，是社会规范与个人生物欲望的协调；而元宇宙中的数字分身则更像是"超我"的状态，是对自己更高、更美好的愿望与追求。传统品牌营销过程一般只关注个体"自我"层面的需求，在生成和制造"货"时，往往只是满足"自我"的需求。在元宇宙的场景下，当数字分身这个"超我"出现时，也需要考虑和满足"超我"的需求。现实生活中一个人的需求可能与元宇宙中对应的数字分身的需求是不同的。这就给品牌提供了一种生产元宇宙中的商品（NFT）以满足数字分身的需求的机会，这也是元宇宙营销的基本原理和动机。

NFT可以理解为元宇宙中的"货"。大部分人将NFT理解为数字藏品，实际上，数字藏品仅仅是NFT的一种最简单的应用。NFT能做的远非数字藏品那么简单。NFT本质上是区块链上的一个数据块，它不可分割且指向唯一的区块链钱包地址。它可以在用户许可下被元宇宙应用自由读取（不需要获得区块链技术提供方的同意），它的用途由元宇宙决定。元宇宙A把某个NFT定义为一辆汽车，并不影响元宇宙B把同一个NFT定义为一把屠龙刀或一张艺术绘画。由于 NFT 具有明确的归属权（不可篡改且唯一），具有特定的用途，且可以在用户之间进行交易（合规性尚待监管机构明确），因此就可以将它理解为"货"。

"场"一般是指零售的地点或渠道。现实中的商场是一个"场"，电商平台也是一个"场"。在元宇宙中，从狭义上说，"场"就是虚拟空间；从广义上说，"场"就是元宇宙本身。不同于商场和电商平台，元宇宙是带有"世界观"的场。

换一个角度理解。例如：现实中汽车的用途是将人或物品从 A 地移动到 B 地，人们认为这是天经地义的事情，其实这仅仅在地球上是成立的。如果换一个"场"，将汽车移到太空，汽车的用途就不是移动了，而有可能成为来自地球的艺术收藏品。这里，你会发现"货"的用途是由"场"决定的，这与 NFT 在不同元宇宙中可能有不同的用途是一致的。同样，对于"人"的理解也需要从单一的现实的"自我"变成"自我"+"超我"。这就要求我们在开展元宇宙营销时使用一种"星际思维"或者"多元宇宙思维"，对原来的品牌营销思维进行全面升维。

1.1.3 元宇宙为营销带来的机遇

元宇宙为营销带来的机遇可以概括为以下 4 方面。

（1）提升广告体验。虚拟技术为品牌提供了全新的创意和表达形式，品牌通过更具冲击力的沉浸式体验与消费者深度沟通，全方位提升用户的广告体验。

（2）强化互动体验。数字世界突破了物理和时空限制，在为品牌带来强大流量曝光的同时，也为消费者创造了身临其境的体验，互动形式多样，消费者参与度高，品牌具备更高的营销灵活性。

（3）增强与消费者的关系。在数字空间中，品牌与消费者的关系不仅围绕产品展开，还通过消费者在品牌空间中的创造、社交等活动得以增强。

（4）重构零售形式。在元宇宙为品牌实体产品进入虚拟数字世界提供了可能性的同时，XR技术也为传统商业带来全新体验，推动消费者回归现实。

元宇宙发展的底层逻辑是满足人们的社交和娱乐需求。如果说互联网和移动互联网是信息互联网，那么元宇宙就是体验式价值互联网。信息互联网主要刺激人们的头部器官（主要是眼睛和大脑），而元宇宙是刺激人们的全身。过去的互联网让人们上网和在线；而元宇宙的意义是在场，而且可以同时现身多个场。

对于消费者而言，元宇宙为他们创造了更丰富的消费体验。品牌在虚拟世界中能为消费者提供的不仅是产品，还有产品背后的文化、体验和精神共鸣。元宇宙可以将品牌形象多维度地融入消费者的生活，VR/AR 等技术带来的产品和平台让在线社交、娱乐和消费变得更具互动性和沉浸感。传统意义上的品牌人格化多表现为一些卡通图像，呈现出静态、扁平化特征，难以实现与消费者之间的互动，拉近与消费者的距离。而在元宇宙中，品牌完全可以打造属于自己的虚拟代言人，其形象与真人无异，可以与消费者进行近距离交流。

　　元宇宙为品牌带来新的归属感和品牌文化，能够助力品牌营销，让品牌讲出"更具体、更深入"的故事，带来内容和场景上的更新，并增强消费者的体验和交互感。图 1.1 为元宇宙营销切入点。

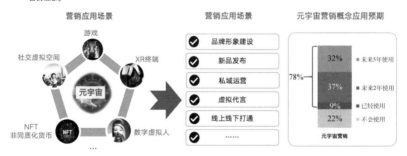

图 1.1　元宇宙营销切入点

（图片来源：秒针营销科学院《2022 元宇宙营销创新白皮书》）

　　元宇宙重构了营销内容场景，通过对现实世界一切生产和生活方式的数字化，使得"人""货""场"的关系发生了质的变化。越来越多的品牌用虚拟偶像和品牌 IP 塑造自己的品牌"人设"和叙

事，Gucci、Balenciaga、Louis Vuitton、Burberry、Jacob&Co
等诸多时尚界的翘楚纷纷入局，已在元宇宙中多领域布局品牌
框架。

随着元宇宙的持续火爆，各国资本争相布局元宇宙，科技巨头
纷纷涌入这个新兴赛道，多国政府也在政府工作报告和产业规划中
提及元宇宙，使元宇宙获得了前所未有的关注度。元宇宙的真正来
临时间比大部分人预想得要快，在不远的将来就会对人们的工作和
生活产生影响。据彭博行业报告预计，元宇宙市场规模在 2024 年
有望达到 8000 亿美元；普华永道预测，元宇宙市场规模在 2030
年将达到 1.5 万亿美元；花旗银行预测，2030 年元宇宙经济的总
市场规模可能增长到 8 ~ 13 万亿美元，并预计元宇宙用户数量可
能多达 50 亿；摩根士丹利研报显示，未来中国元宇宙市场规模可
能达到 8 万亿美元。

总有一天，数字经济也将从"互联网 +"走向"元宇宙 +"，
通过元宇宙为实体经济赋能，才是元宇宙的未来。

1.2　大咖谈元宇宙

2021 年 10 月，脸书（Facebook）首席执行官马克·扎克伯
格（Mark Zuckerberg）将公司更名为 Meta，宣布未来发展将聚焦
元宇宙领域。这一举动使元宇宙概念彻底出圈，成为科技圈竞相追

捧的火热概念，一时间众多资本纷纷入局。元宇宙到底是什么？其
未来的发展趋势如何？其应用场景有哪些？企业在探索元宇宙的路
上又走了多远？尽管目前对元宇宙依然没有一个官方权威的定义，
但这并不影响人们对元宇宙的热议。"横看成岭侧成峰，远近高低
各不同。"既然如此，我们不妨看看大咖眼中的元宇宙。

一千个人眼中，有一千个元宇宙

360公司创始人周鸿祎说："元宇宙是数字化的最高境界，要
一分为二来看待。用错了方向就是不好的，用对了方向还是大有可
为的。"

科幻作家刘慈欣曾说，人类的未来世界有两种可能：一个是内
向型的未来，人类沉迷于网络构筑的虚拟世界中，最终把自己的意
识上载到网络中，完全生活在虚拟世界；另一个是外向型的未来，
人类飞出地球摇篮，在太空中开拓新的生存空间，建立许多新的文
明世界。他倾向于后一个未来。

万向控股公司副董事长肖风认为：元宇宙本质上是一个无限游
戏，它的经济模式是"利益相关者制度"。价值共创者也就是利益
共享者，没有股东、高管、员工之分。所有参与者共建、共创、共
治、共享。互联网是消费者驱动，用户数是互联网估值的核心指标；
区块链是开发者驱动，开发者社区是区块链成功的标志；元宇宙则

是内容创作者驱动，丰富多彩、引人入胜的内容是元宇宙无限游戏的关键。

腾讯公司创始人马化腾说："全真互联网是一个从量变到质变的过程，它意味着线上线下的一体化，实体和电子方式的融合。虚拟世界和真实世界的大门已经打开，无论是从虚到实还是由实入虚，都在致力于帮助用户实现更真实的体验。"

元宇宙商业之父马修·鲍尔认为：元宇宙是大规模、可操作的网络，能够实时渲染 3D 虚拟世界，借助大量连续性数据，如身份、历史、权利、对象、通信和支付等，可以让无限数量的用户体验实时同步和持续有效的在场感。

咖菲科技公司首席执行官石岚说："在元宇宙里，一切皆被数据化，这将驱动企业实现经营能力的升级。数据的种类、层次、可视性都将比当下更加丰富和立体。而 NFT 是构建元宇宙的数字资产的基石，能够在元宇宙内跨产品或链接现实与虚拟世界，成为虚拟世界与现实世界之间的乘号，在经济系统、社交系统、身份系统上密切融合。连接年轻用户，连接人产生的一切需求，无论是当下的需求还是潜在消费者的需求，都将让企业的品牌生命力更强大。得年轻用户得天下。我们相信，通过元宇宙营销，品牌与年轻用户将实现更高层面的融合，让品牌成为年轻用户未来生活的一部分。"

数藏中国公司首席执行官王鹏飞说："从应用场景的丰富与活跃度看元宇宙，我觉得元宇宙最大的特点是将人与人之间的交流与互动提升到一个新的高度。过去互联网提升了人与人信息的交换效率，但没有解决沉浸式的体验度。而基于 VR 与 AR 的元宇宙很好地解决了这个难点，也正是虚拟现实的结合，会衍生出人与人社交的一个飞跃。"

中国社会科学院舆情调查实验室首席专家刘志明认为：元宇宙的发展取决于运用场景的多元化。在不远的将来，消费元宇宙、文旅元宇宙、教育元宇宙、建筑元宇宙、工业元宇宙都会陆续成为元宇宙场景的重要组成部分。而不同场景的发展速度与质量取决于两点。一是元宇宙的各种新技术与传统产业的有效融合程度；二是以用户体验提升为核心的数字营销效果。选择元宇宙，关系着企业未来的生存与发展，那些愿意在自己的领域贡献内容、时间、智慧的品牌都将从中获得回报。

原京东公司公关负责人、KOC 概念引爆者闫跃龙认为：所有品牌都应该重视元宇宙营销，因为这是未来时代的营销姿势。未来，元宇宙就是数字世界的现实，一切营销的"人、货、场"规则都将改写。数字分身是元宇宙时代的"人"，类似现在的明星代言；NFT 是元宇宙时代的"货"，是数字商品；元宇宙时代的"场"也与互联网、移动互联网时代支离破碎、沟壑丛生的"场"不同，而是无处不在。

海尔衣联网研究院院长孟毅认为：首先是找准用户，品牌需要牢记 Z 世代是元宇宙天然的用户。第一步可以创建与现实世界体验相关的营销体验，沉浸式体验是关键，要提供用户可以互动的品牌活动，而不仅仅是放置简单的广告。第二步要充分利用好数字藏品和数藏社区的搭建，NFT 是人们展示自己兴趣的另一个空间。第三步要与现有社区互动，让这些用户积极接受和贡献内容。元宇宙是一个提供大量实验空间的全新平台。最佳实践和商业范式尚未完全创建，这给品牌和营销提供了足够的尝试空间。

国际著名潮流动漫艺术家杰森白认为：品牌从元宇宙出发，找准风口，很容易获得新机遇和挑战。在新的轨道上起跑比别人早，就会比别人更容易取得成功和更多的关注。元宇宙是多维空间的一种展示以及现实与虚拟世界的一种交叉，品牌在这里会更加如鱼得水。

中国文化艺术发展促进会主题公园专业委员会秘书长母素霞认为：品牌在元宇宙的营销现在可谓大势所趋，Z 世代这群消费主力所到之地，品牌自然不能错过。同时，随着各大互联网平台流量见顶，元宇宙作为备受关注的流量洼地，对品牌来说也意味着巨大的发展空间，或将成为其深度数字化营销的路径。如果将 NFT 营销与现实世界挂钩，也许可以为品牌创造更多的增值能力。

蓝色光标集团元宇宙业务华南负责人黄琦认为：元宇宙营销离不开虚拟人、虚拟物与虚拟空间。虚拟人可以通过打造偶像型身份或功能型身份，释放多元场景价值；虚拟物 NFT 可以发挥品牌价值资产化、CRM 管理、提效转化优势，开启生意更多的可能；虚拟空间可以提供秀场、展览等 XR 体验场景，解开全新流量密码。

中国文化艺术发展促进会艺术博士委员会李小白 IP 主理人陈志咏认为：文旅企业要面对的是基于元宇宙产生各种新盈利模式、创新文旅行业的产品与服务。文旅产业应该重视元宇宙的发展方向，提早做好产业布局。元宇宙将为文旅企业开辟新未来。元宇宙是文旅产业下一代的发展方向，游客们有望在元宇宙中用一天时间实现同登五岳、遨游四海。未来，元宇宙或许能实现虚拟与真实的结合，让消费者同自己的偶像见面，与李白、杜甫一起吟诗，在徐霞客的引导和讲解下爬山、徒步……这都为文旅产生提供了更多消费变现的空间。元宇宙对文旅产业的促进必定改写人类历史。

中国信息通信研究院上海工创中心数字工业部高级专家吴陈炜认为：元宇宙营销的方式，通过数字分身 IP 的打造、虚拟内容场景的建设、NFT 等区块链技术的应用，在品牌建设、线上运营、客户服务、活动展览等多个方面能增加产品的曝光量、影响力，优化用户的体验感、参与感，从而能与传统营销方式形成更加强有力的组合拳，对于提升品牌的附加值、美誉度、话题性等关键要素有着非常重要的推动作用。

清华大学新媒体研究中心对元宇宙的定义是："元宇宙是整合多种新技术而产生的新型虚实相融的互联网应用和社会形态，它基于扩展现实技术提供沉浸式体验，基于数字孪生技术生成现实世界的镜像，基于区块链技术搭建经济体系，将现实世界与虚拟世界在经济系统、社交系统、身份系统上密切融合，并且允许每个用户进行内容生产和世界编辑。"

Roblox 公司首席执行官大卫·巴绍茨基（David Baszucki）认为：元宇宙具有八大特征，分别是身份（identity）、朋友（friends）、沉浸感（immersiveness）、低摩擦（low friction）、多元化（variety）、随时随地（anywhere）、经济体系（economy）和文明（civility）。在理想的元宇宙中，人们拥有虚拟身份，虚拟身份与现实身份可以相关，也可以毫无关系。人们在元宇宙中拥有朋友，可以进行跨越空间的社交。在元宇宙中，人们可以体验现实生活中的一切活动，并且不会存在强烈的延迟和不同步的现象。人们可以随时随地进入元宇宙，体验其中的丰富内容。元宇宙拥有自己独立的经济系统。元宇宙最终会发展成为一种虚拟的文明。

2022 年 9 月 13 日，全国科学技术名词审定委员会在北京线上线下结合举行元宇宙及核心术语概念研讨会，与会专家学者经过深入研讨，对元宇宙等 3 个核心概念的名称、释义形成共识。中文名"元宇宙"的英文对照名为 metaverse，释义为"人类运用数字技术构建的，由现实世界映射或超越现实世界，可与现实世界交互的虚拟世界"。

1.3 元宇宙营销重构"人、货、场"

趋势营销专家、知萌咨询机构创始人兼首席执行官肖明超说："在 Web 3.0 时代，人们不再是旁观者，而是具有'共同的具身存在感'的创造者，虚拟人、元宇宙、数字藏品等载体也正在通过虚实融合、沉浸体验与深度交互构建新的生活时空和数字营销世界。"

随着元宇宙的爆发，这个与现实世界平行的虚拟世界开始走入人们的生活。从营销的角度看，只要是消费者活跃的地方，就注定会成为营销的主阵地，因此元宇宙必然成为品牌建设与营销的战略要地。在这样的背景和趋势下，品牌营销该如何利用元宇宙相关技术和产品，从传统的现实世界走向元宇宙，实现华丽转型呢？

当元宇宙逐渐构建起来以后，大量的用户向元宇宙迁移，所有的营销必然要考虑这些用户的特点，根据用户的使用行为进行调整。元宇宙营销的，一个很大的转变就是，品牌要面对的不再仅仅是现实中的消费者，而是消费者及其数字替身，这个数字替身既具有社会人的属性，也具有虚拟交互需求。

1.3.1 元宇宙重构营销模式

在 Web 2.0 时代，品牌方和广告主通过平台获取用户数据，使用打标签、分群组以及数据匹配等方式圈选目标人群，然后通过定向群发或者自动化推送的方法把品牌的营销内容推送到目标人群的邮箱和手机应用上。

在 Web 3.0 时代，数字人、NFT、元宇宙分别对应了现实世界中的"人、货、场"。其中，数字分身是品牌以虚拟身份与消费者进行对话的主要载体，数字人作为 IP 互动形象成为放大品牌影响力的基点；数字藏品充当品牌与用户社区进行价值共创的连接工具，作为社区钥匙及变现机制，是 IP 社区商业化的通道；元宇宙则是进行互动沟通的主要场域，承载着数字化时代各类品牌的交互。显然，"数字人 +NFT+ 元宇宙"的 IP 孵化模式相比于传统的"迪士尼式"IP 打造效率更高。元宇宙营销就是"人、货、场"的升级，如图 1.2 所示。

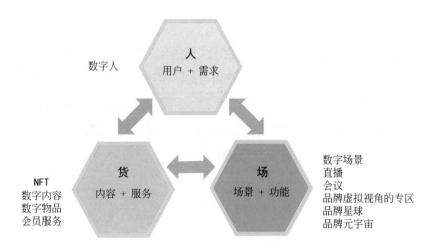

图 1.2　元宇宙营销就是"人、货、场"的升级

（图片来源：弯弓研究院）

过去，品牌价值观和品牌定位都是由品牌方主导的，包括塑造品牌个性、构建品牌识别和实现品牌承诺，然后通过内容创意，广而告之给消费者，占领客户心智，此时企业的战场是用户心智，这是一种中心化的品牌营销模式。

元宇宙时代的营销是去中心化、参与式的，用户皆可参与产品的研发、创造和测试，并获得即时奖励和勋章，倡导终极体验，用户主权大幅提升，品牌方成了用户的服务方。在元宇宙中，主动营销的痕迹明显弱化，营销通过用户参与潜移默化地发挥作用。品牌的价值观也不再由品牌方主导，而是由用户主导。一个企业可以有多个品牌，存在于多个元宇宙之中。营销是创造和传递价值的过程，传递价值也变得更简单。由于每个人有多个虚拟化身，可以畅游多个元宇宙，线上虚拟世界和线下物理世界相互映射，因此传递变得更加快捷和真实。另外，元宇宙的新商业减少了过去销售中的欺诈问题，因为以区块链为基础的数字原生的营销体系天然具有信任性。在传统的品牌定位时代，品牌延伸是一个陷阱；而在元宇宙时代，品牌延伸的机会大大加强，人们有多个虚拟化身，自然需要多个品牌来满足不同虚拟化身的个性化需求。

1.3.2　IP、社区和场景

管理大师艾·里斯（Al Ries）有一句名言："市场营销不是产品之争，而是认知之争。"所以营销首先要解决的是用户认知。如何解决用户认知的问题呢？打造 IP 的目的就是为了解决用户认知的问题。IP 的潜台词就是唯一或者第一，只有这样才能占领用户认知制高点。社区的本质是关系，解决的是信任的问题。场景的核心是交易，通过感官体验引发用户产生购买的情绪动力。认知、关系和交易是一个螺旋式上升的商业闭环，随着用户对产品由浅入深的认知引发用户与品牌由远及近的关系，从旁观者到消费者、会员、粉丝、铁粉、合伙人，随着关系的升级，进而由低到高提升交易的客单价，交易后的产品体验和服务又进一步强化用户认知。

互联网的本质是连接。作为下一代互联网的元宇宙是一个脱胎于现实世界，又与现实世界平行、相互影响，并且始终在线的虚实相生的世界。元宇宙的本质是在智能硬件和各种技术的加持下让人与人、人与物产生更深度的连接。什么是元宇宙营销？从"人、货、场"模型看，就是用虚拟数字人、数字藏品搭建元宇宙场景。"人、货、场"的背后是社区、IP 和场景，其底层逻辑是认知、关系和交易。

传统营销和以虚拟数字人为载体的元宇宙营销的区别如图 1.3 所示。

张国华认为："虚拟主播不知疲倦，并且程序可控。如果形象做得好，弄得好玩，还会更加吸引流量。"这是虚拟人营销的优势所在，现在大量 MCN（Multi-Channel Network，多渠道网络）机构开始尝试使用虚拟主播，大型广告公司（例如蓝色光标公司等）也在开发元宇宙营销产品。

图 1.3　传统营销和以虚拟数字人为载体的元宇宙营销的区别

（图片来源：秒针营销科学院《2022 元宇宙营销创新白皮书》）

1.3.3　从DAO的视角重新定义数字人

"人、货、场"模型里的"人"对应到元宇宙就是数字人。在元宇宙里，品牌商可以打造属于自己的虚拟偶像，作为品牌的代言人，其形象与真人无异，与消费者进行实时面对面交流互动，消费者甚至可以看到虚拟偶像表情的变化。例如，天猫首位数字主理人AYAYI 的人设包括 NFT 艺术家、数字策展人、潮流主理人。随着

VR/AR 技术的完善，人与人交互的体验会越来越好。虚拟人偶像与真人偶像最根本的区别是：在现实世界里，真人偶像大多数会形成中心化的粉丝群体。例如，很多人是周杰伦的粉丝，然而，并不是所有的粉丝都能与周杰伦互动，而且粉丝之间也很少有交互。而在元宇宙中，虚拟的周杰伦可以与几十万甚至上百万虚拟粉丝实时互动，并且粉丝之间更容易形成社交网络，形成社区，潜在的商业空间和机会不可估量。

从元宇宙的概念进入大众视野时起，沉浸式体验（虚拟空间）和虚拟化身（虚拟数字人）就占据了大众的心智。现在每个企业都有一个官网、一个抖音号和一个微信公众号，未来每个企业可能都需要一个虚拟代言人。虚拟代言人可以增进企业与用户的关系，且虚拟偶像比真人偶像有更大的想象空间，它可以 7×24 小时在线，不用涨工资，也不用担心人设坍塌。虚拟数字人已经成为企业元宇宙构建"人、货、场"布局的重要入口。现阶段，人们已经可以借助元宇宙平台交朋友、举行派对、远程办公和远程上课。虚拟数字人也可以在抖音、淘宝等直播平台代替网红主播进行直播，助力企业更好地推广品牌。

1.3.4 从IP的视角重新定义数字藏品

什么是 IP？IP 就是品牌的人格化表达。一直受限于技术原因，传统意义上的 IP 多表现为一些卡通图像，呈现出静态、扁平化特征，难以与消费者实现近距离、全方位互动。

现实世界的实体商品对应到元宇宙就是 NFT，也可以理解为数字藏品。NFT 可以是元宇宙中的房子、汽车或绘画，其产品可以是 JPEG、GIF、3D 动画、VR 等任何数字格式。NFT 的产权归属、交易流转都会被详细记录并不可篡改，元宇宙中的资产可以自由交易和流通。目前市场最贵的数字艺术品是无聊猿，周杰伦、麦当娜、余文乐等国内外明星都收藏了无聊猿，每一只都独一无二，全球限量 10 000 只，每只约 42 万美元。这说明虚拟商品跟实体商品一样具有真正的货币价值。在 Z 世代看来，在虚拟世界和现实世界购物都是一种自我表达的方式，并没有什么不同。过往的传统营销多是单纯的信息触达，难以与用户产生深度交互，很难引发用户自传播。但 NFT 自带的新奇感和线上分享属性更容易引发用户传播分享。

用户不仅在现实中与品牌产生连接，也能在元宇宙中持有包含品牌元素的数字资产，与品牌产生深度连接，这是一种更深层次的用户心智渗透。品牌不再局限于提供实体产品或服务，还可以提供 NFT，借此增进用户与 IP 互动，更好地讲述品牌故事或带动用户参与内容创作。当用户进入品牌元宇宙后，就可以从精神层面、体验层面向用户更深层地传达品牌价值。随着用户与这些数字 IP 的互动日益加深，很自然地就会增进用户对品牌的感知与情感联系，长此以往，消费行为就会受到引导。

品牌还可以将 NFT 与产品结合起来营销。NFT 可以提供盲盒、合成、权益卡等玩法，例如集齐 4 张卡就可以拥有某种权限，以增加更多体验乐趣。

1.3.5 从社区的视角重新定义虚拟场景

社区的英文是 community。在社会学研究中，社区被描述成一种共同价值观念的同质人群组成的密切的、守望相助、存在一种共同情感的社会团体，往往具有较强的地域性。而互联网的发展弱化了地域影响，让生活在不同地理区域的人们能够自由交往，网络社区的"居民"往往具有某种共同的兴趣爱好或情感倾向。

马克思说"人的本质是一切社会关系的总和"。从某种意义讲，人与人的不同就体现为社会关系总和的大小。换句话说，一个人的社会关系网络越广，能量就越大。社会关系的建立离不开社交活动，所以才有"离群索居者非神即兽"之说。元宇宙的出现为人们的社交活动创造了更多的社交场景。

线下的"场"经历了杂货店、批发市场、百货商店、超市到便利店的演变过程；线上的"场"也经历了从传统电商到直播带货的演变过程。传统电商实际上解决了货架和商品在线的问题，让人们足不出户就可以搜到琳琅满目的商品；而直播带货解决了商品和导购同时在线的问题，有一定的沉浸感，但这种沉浸感与真实场景还有很大距离，毕竟人们和商品、主播之间依然隔着屏幕。

未来的"场"是怎样的？每一个"场"都是一个元宇宙。带着VR头显，随时随地可以约朋友逛北京的王府井商业街，遇到虚拟化身的李佳琦正在介绍口红，就立马下单，拿起口红，试妆效果马上显现。当然，买服装也一样，不用去试衣间，试衣效果马上显现。目前在线下一般需要试衣间或试衣镜，而元宇宙商场里统统不需要这些，背后都是算力和人工智能的支持。

元宇宙带来的技术赋能让空间的意义不再局限在物理空间，而是物理空间和虚拟空间结合，为购物中心的创新带来了无限延展性，在存量时代为商业破局提供了全新思路。

元宇宙拓展了商业场景的时空体验，通过线上线下虚实融合把数字世界的效率、便捷与线下场景的体验、时效在同一个场景内打通，突破物理空间限制，将传统商业空间运营升级为数字空间多维运营，持续提升运营效率。

元宇宙品牌营销中的"场"就是虚拟场景、品牌的虚拟私域。虚拟场景是指企业在元宇宙中进行的虚拟空间开发，比如虚拟时装周、虚拟展厅 / 橱窗、虚拟购物乐园、虚拟发布会等。无论是虚拟购物节、虚拟时装周还是虚拟音乐会，在 2022 年显然均已成为品牌方乐此不疲的营销方式。

品牌的虚拟场景能够激发用户参与品牌活动的兴趣，可以在虚拟场景中植入品牌理念，带给用户新潮、独特的沉浸式体验。虚拟场景具备很强的社交属性，一旦用户产生了好的体验感，很容易引发口碑裂变传播。

Web 3.0 最大的威力就是元宇宙里各种虚实相生的社交场景。从在线到在场,企业可以把工厂、车间甚至设备直接复制到元宇宙,让所有人了解产品是如何生产出来的。也可以构建一个虚拟的迪士尼乐园,在元宇宙搭建一个像沃尔玛一样的大卖场。还可以组织几万人开新品发布会。百度已经实现了 10 万人同屏互动。在元宇宙中,Decentraland 平台已经出现玛莎拉蒂的虚拟展厅、美国顶级投行摩根大通的休息室、三星公司的虚拟旗舰商店甚至巴巴多斯政府的虚拟大使馆。

长期以来,大多数品牌都是对用户单向输出图文、音频、视频等内容,消费者已经感到审美疲劳。在 Web 2.0 时代,人们交互被局限在屏幕中,没有空间概念,时间也是不连续的。而元宇宙是对互联网空间的进化和超越,增加了空间和时间维度,提供了一个全景式、开放式、全天候的社交空间。

当内容种草成为营销主流以后,比种草更容易引发用户产生消费冲动的就是虚拟试穿。在元宇宙里不仅可以 1∶1 地复刻线下实景,沉浸式体验也更丰富、更生动。例如,Gucci 携手 Snapchat 推出了 4 种风格的穿搭服务,让用户实现身临其境的穿搭体验感。用户可以在线试穿 Gucci 运动鞋。用户在 Snapchat 上挑选鞋子时,只需要将手机对准自己的脚,就可以看见自己试穿的效果,如果满意就可以立刻在线上完成购买。与传统电商模特试穿不同的是,Gucci 利用虚拟技术进行试穿的方式更容易刺激用户消费。这种以虚拟技术为载体的营销形式实现了品牌与用户之间的互动,加强了品牌与用户之间的联系。Gucci 打造的数字化球鞋集试穿、分享、收藏、消费等功能于一体，其虚拟的体验感不但使品牌的体验焕然一新，还提高了销售转化率，而且通过数字产品与用户之间建立起新纽带，满足了 Z 世代活跃的社交需求。

在互联网增量时代，新增用户的基数很大，流量很便宜，品牌基本都是销售主导型增长，讲求的是运用资源和能力快速销售。然而今天随着互联网新增用户越来越少，流量越来越贵，品牌也慢慢转为社区主导型增长，从用户的体验和决策因素出发，通过社区引导提升用户黏性和口碑推荐，围绕用户的全生命价值周期进行社区运营。用户如果有消费需求，在各个品牌品质差不多的前提下，就在社区里购买，不仅有优惠，还能同时享受社区内部的其他福利，这比单买一件产品要划算很多。例如，Gucci Vault 社区就成为Gucci 数字营销的新入口，如果有产品信息、活动信息、问卷调研，用户与产品的合照，都可以第一时间在社区里推广。用户有任何困难和疑惑也可以在社区里交由专员进行解答，不仅减少了双方之间的信息误差，还提升了产品和服务效率，最终形成了以用户为核心的商业闭环。Gucci Vault 社区成为数字营销的核心，不仅可以直接产生销售额，还能推广和产生传播内容，然后这些传播内容在官网、推特、Instagram 等数字媒体矩阵中可以同步推广，带动其他渠道的销售业绩。

在汽车品牌领克打造的领克乐园中，用户能够沉浸式体验看车和试驾。

目前，已经有了虚拟试衣、虚拟试妆、虚拟家居设计、虚拟看房等营销方式，用户可以在数字空间中获得沉浸式体验，对需要购买的商品进行查看甚至是试用，极大地降低了人们的试用成本。在虚拟家居的场景下，用户还可以随意组合不同的家居、环境、灯光等效果，比实体卖场更丰富，更人性化，体验更好。

元宇宙技术的核心是让用户能够有身临其境的感觉。元宇宙消除了虚拟场景和现实世界的鸿沟，实现了虚实融合、虚实共生，成为人们除现实世界以外学习、工作、生活及娱乐的第二世界。百度的元宇宙产品"希壤"已经逐渐搭建了各种社交场景，从艺术馆、学校、银行、技术中心到营销中心，越来越多的线下场景被搬入虚拟宇宙，搭建了众多可供用户交流的空间以及观展、消费、学习等生活场景。

元宇宙对传统社交的颠覆在于数字拟真世界，在连接范围更广、沟通效率更高、沟通方式更拟真的优势下，改变了以往文字或视频的沟通交流模式，双方可以用更真实的数字形态进行交流互动。就像扎克伯格所演示的那样，全息数字形态的交流打破了屏幕的阻隔，为用户提供了全新的体验。当虚拟世界与现实世界的边界越来越模糊时，虚实相生的社交场景可以让用户更轻松地表达自我、连接互动，不断深化社交关系。

伴随着元宇宙对人与人、人与社会关系的重构，移动互联网时代的商业逻辑将被重塑。元宇宙是在移动互联网渗透率达到天花板后互联网企业选择的新增长点。那么，传统企业如何找准大势所趋的元宇宙风口呢？可以采用三步走的策略。第一步，发布元宇宙品牌形象代言人，在官方号上发布虚拟形象代言人信息（如代言人海报图片、视频等），类似美妆达人柳夜熙。第二步，围绕IP推出NFT，类似无聊猿，以公开发售的方式推出几款一定数量的数字藏品。同步推出虚拟代言人实物形象潮玩，如果想延伸玩法，可以设置活动规则，让用户参与空投、中签、盲盒、合成等活动，用户完成任务后可获得相应的奖励。第三步，召开元宇宙发布会，甚至可以设计一个24小时在线的数字展厅，线下的样板间、旗舰店都可以在元宇宙里复刻，而且互动性更强，体验感更好。2022年7月20日，大众汽车公司和腾讯广告公司合作打造的元宇宙虚拟汽车发布会同时在线互动的人数竟高达数千万。

随着元宇宙概念的火爆，元宇宙的应用场景已经逐渐渗透到生活的各个领域。对年轻用户群体来说，在元宇宙空间中探索、游戏、社交已经成为一种顺应潮流的生活方式。对于数字时代的品牌营销而言，元宇宙发布会通过虚拟场景、虚拟数字人等虚拟技术带给用户更多元化和强互动的体验，已成为未来场景营销的新范本。各种类型的线上虚拟发布会以数字化传播的科技手段构建虚拟世界的创新玩法，与用户建立包含情绪、文化、社交等多层次链接的伙伴关系，实现品牌理念与用户感知的深度关联。

1.4　从Web 2.0到Web 3.0的剧变

　　Web 3.0 最特别的就是，用户所创造的数字内容，所有权和控制权都归属于用户，用户所创造的价值可以由用户自主选择与他人签订协议进行分配。

——天津大学智算学部教授　李克秋

　　Web 1.0 是 PC 互联网，用户只能被动地浏览文本、图片以及简单的视频内容，是内容的消费者，互联网平台提供什么就看什么。

　　Web 2.0 是移动互联网，用户不仅可读而且可写。尤其是随着移动互联网以及 Youtube、Facebook、微信等网络平台的发展，用户可以在平台上创作和传播自己的内容（包括文字、图片、视频等），并与其他用户交流互动。

　　但是，无论是 Web 1.0 还是 Web 2.0，用户的线上活动都依赖于特定的互联网平台。即使在 Web 2.0 阶段，用户可以是内容的生产者，但规则依然由互联网平台制定，用户缺乏自主权，基本上由平台垄断。

　　Web 3.0 是价值互联网，以用户为中心，强调用户拥有自主权。它是构建在区块链基础上的去中心化的互联网新应用形态，通过确权使用户在网上创作的作品成为数字藏品，实现平台与用户利益分享。

从 Web 1.0 到 Web 3.0，互联网的每次整体升级迭代都会给人类社会带来前所未有的改变。Web 3.0 致力于打造一个基于区块链技术、用户主导、去中心化的网络生态。在 Web 3.0 时代，人们无须通过中心化平台，便可发布内容，完成交易行为，通过 NFT 等技术获得创作收益（UGA），通过 DAO 管理社区，每个人都能掌握自己的（数字）身份、资产和数据，被视为下一代互联网。

1.4.1　Web 2.0与Web 3.0的区别

在 Web 3.0 时代，品牌改变了消费者与品牌方的身份关系，品牌方将逐步成为消费者的服务商。消费不再是单向的，而是会考虑双向的需求关系，即选择某个品牌使自身能够获得哪些长期权益，而不仅仅是购买商品。消费者一旦对品牌完成认定，那么长期复购的频次就会大幅提升。Web 3.0 可以协助品牌增加产品销量、流量，促进年轻消费者的增长，强化用户对品牌的忠诚度与情感连接。

Web 3.0 和 Web 2.0 最大的区别就是生产关系的改变。

Web 3.0 的主要特征如下：

（1）去中心化。所有用户都能够自主掌握自身的数据并可以跨平台积累各个应用的数据。

（2）无须许可。所有用户都可以自由、开放地参与建设和使用去中心化应用，并从中获益。

（3）开放性。应用程序的创建和运行是透明可信的，没有技术黑箱，是开源可共享共建的。

（4）可移植性。主要是指数据的可携带权，Web 3.0 为用户提供了数据自由迁徙的可能。应用可直接访问开放协议的数据连接用户，数据不属于服务提供方，而属于整个 Web 3.0 生态。

（5）隐私性。数据只归用户所有，Web 3.0 通过去中心化、分布式存储、用户私钥管理、零知识证明等多方面保护用户隐私。

Web 2.0 的互联网时代改变了人们的生活，为人们带来了很多便利。但是，随着行业的发展，近几年来，Web 2.0 的发展瓶颈已经清晰可见，互联网的增长速度明显减缓。同时，用户对各个互联网平台掌控、垄断数据抱怨不已，严重影响了平台用户的增长和活跃度。

在这样的背景下，许多企业和投资者开始探索如何实现 Web 3.0。Web 3.0 致力于成为一个更加自主、智能和开放，并且价值最终归于用户的互联网。

1.4.2　从星巴克的Web 3.0开始说起

理论上，每个品牌都可以打造一个独立的"迪士尼乐园"或者《王者荣耀》游戏，用高度沉浸式的体验重塑品牌与消费者的关系，完整构建自己的元宇宙世界。国际咖啡品牌星巴克就在 2022 年 5 月宣称，已经开始着手构建虚拟的"第三空间"，建立数字化的消费者社区，并将实体产品的权益融入其中，借助品牌文化 + 社交 + 会员服务，带来全新的消费者体验。

星巴克 2022 年 8 月又宣布了一项基于 Web 3.0 技术的"奥德赛"计划，期望通过该计划创建"全球客户数字社区"，提升客户参与度和忠诚度，增加业务来源等。我们不禁想问，为什么 Web 3.0 受到星巴克如此重视？

1.4.3　流量逻辑的变化

回顾互联网从 Web 1.0 到 Web 2.0 的演进，可以看到围绕流量争夺的变迁。

从互联网刚刚出现（Web 1.0）到互联网普及（Web 2.0），市场经历了从流量供给不足到争夺流量入口的变化。只要品牌渴望流量变现，纵使人们经历了从 PC 端到智能手机端的重大变革，流量为王的逻辑也仍然是不变的。流量红利催生了大量中心化平台的繁荣，它们控制着生态流量，进而控制着用户的行为数据和用户体验。

用户的创造和建设活动受到平台的限制，且无法因自己的行为数据和贡献而获得收益。类似的案例非常普遍，如平台间相互屏蔽对方的超链接等。

这一切在 Web 3.0 时代将发生深刻的变化：在以区块链为代表的分布式技术推动下，流量不再受中心化平台控制，用户可以基于基础协议自由畅游 Web 3.0 世界；用户也不用担心数据被中心化平台利用和出卖，用户的隐私将通过加密算法和分布式存储等手段得到保护；Web 3.0 应用也不再由公司管理层单方面决定，其内容和生态将由用户创造和主导；更重要的是，用户可以因贡献而分享平台的收益。

可以说，中心化平台型互联网公司统治着生态，垄断着生态的数据、价值，是 Web 2.0 的显著特征。Web 3.0 的区块链分布式技术等手段正在给这种流量入口模式带来有趣变化。

表 1.1 为 Web 1.0 到 Web 3.0 在内容上的变化。

表1.1　Web 1.0到Web 3.0在内容上的变化

比较项	Web 1.0 （1992—2004）	Web 2.0 （2005 至今）	Web 3.0 （未来）
变化方向	传播技术的革命	生产关系的革命	资产关系的革命

续表

内容来源和归属	把报纸、电视内容搬上网络，内容由专业人士发布	内容由网民产生，所有权归平台，变现方式有限	用户创建的内容成为数字资产，并归用户所有，基于智能合约运行，使用通证实现激励
经济模式	信息经济	平台经济	通证经济
内容获利者	网站受益	平台分配收益	协议分配收益
用户支配内容的方式	可读	可读＋可写	可读＋可写＋可拥有
代表企业	搜狐、微博、网易、腾讯	抖音、小红书、天猫、淘宝	

Web 1.0 到 Web 2.0 是静态互联网向平台互联网的跨越，内容由静态到交互，用户是在使用互联网；Web 2.0 到 Web 3.0 实现了从传递信息到传递资产的转变，可以认为用户拥有了互联网。

在 Web 2.0 时代，虽然每个用户都可以创建自己的内容，但其内容都被存储在中心化平台，甚至版权也归平台而不是创作者所有，导致内容分发和收益分配高度依赖平台。同时，用户参与平台共建的力度是偏弱的，即便是类似抖音这样的短视频平台，用户的创作也要受平台的监管，创作的形式和内容也无法脱离平台本身的引导和限制。这种由平台主导的模式暴露出收入分配不均、内容管理权缺失、恶性竞争等问题。

中心化平台分配收益的模式并未实现创作者收益最大化的愿

望。Web 3.0 通过引入 NFT 等技术手段，将数字内容的所有权归还给用户（创作者）本人，减少平台的抽佣分成比例，提高了内容创作者的地位。过去从设计到消费端实物交付，独立创作者存活率不足 1%。在传统的设计→生产→消费模式中，个人创作者面临变现周期长、供应链不稳定、风险不可控等困境。新型的创作者经济模式可以通过数字内容的预售解决现金流的问题，再反推供应链升级。独立创作者获得起步资金，可以在上游供应链拥有更多话语权。

创作者经济是构建元宇宙产业链的关键要素，Web 3.0 正引领创作者经济进入黄金时代。

1.4.4　消费者场景的变化

我们发现，人类的生产和生活越来越接近一个相融相生的数字世界。这一切也反映在消费场景中，商业正从经营"货"转变为经营"人"，包括其数字分身。Web 2.0 时代传统品牌实现了电商化，用电子商务链接消费者和品牌。这一模式已经在 Web 3.0 时代被革新为用数字社区链接数字居民。消费者的需求已经从有用的商品和便捷的物流转变为能够表达自身在虚拟世界中的生活方式和态度。强调以消费者为中心，快速将商品直接送达消费者手中的 DTC（Direct To Customer，直达消费者）模式也得到升级，而随着虚拟分身的出现，我们还需要将商品快速应用到用户的数字分身上。

Web 3.0 时代没有数字社区，就如同 Web 2.0 时代没有线上店铺一样。至此，人们呼唤一个全新的网络世界——元宇宙，既可信地承载个人的社交身份和资产，又通过数字社区赋能各类体验场景；让消费者在拥有更大主导权和参与感的场景中进行社交、娱乐和消费等活动。

这就要求品牌方重新定义消费者角色，不能只把用户当作消费者或者观众。他们可以是商品的直接生产者，即品牌方的合作伙伴；他们也可以是消费型伙伴，通过他们激活更多消费，增加品牌方收入；他们又可以是人脉型伙伴，帮助品牌激活更多连接，制造人流；他们还可以是社区活跃分子，为社区创造内容和话题等。品牌方只有在 Web 3.0 世界经营好数字社区，与先锋人群积极互动，才能实现收益的最大化。

回到前面提到的星巴克"奥德赛"计划，其本质就是打造一个层次丰富的数字社区。星巴克虽然是咖啡企业，但星巴克的会员 App 支付体系和用户忠诚度体系一直以来都是全球领先的。2022 年 8 月星巴克公布的财报显示，美国上一季度的星巴克活跃会员达到了 2740 万，贡献了 53% 的营收。更令许多人意想不到的是，星巴克 App 是仅次于 Apple Pay 的美国市场第二大移动支付 App，拥有 3100 万用户。

而通过"奥德赛"计划，星巴克 App 将不再是一个支付和积分应用，它将变成由 Web 3.0 技术支持的家和办公空间外的数字第三空间，在这里，品牌、会员和合作伙伴（雇员）因为对品牌或咖啡文化的热爱而聚集，通过各种独特的体验产生联系，从而真正形成一个社区。

在未来的星巴克 App 里，不同身份的人可以通过完成不同任务获得品牌凭证（NFT），例如参加线上咖啡课程或在不同门店连续打卡等。这些品牌凭证将会在公链上发行，支持会员间双向买卖。通过引入 NFT 市场场景，会员将不仅限于与品牌产生关联，会员之间也会产生大量互动。

第 2 章

元宇宙营销之"货"

——从 IP 的视角重新定义数字藏品

元宇宙是 Web 3.0 的一种表现形式，是营销领域的新挑战新机会。

——北京大学新闻与传播学院院长　陈刚

2.1　数字藏品的应用场景与玩法

什么是 NFT？ NFT 全称为 Non-Fungible Token（非同质化代币 / 通证），国内又称数字藏品，NFT 实质上是一种基于区块链技术的数字化凭证，这种凭证可以证明 NFT 的唯一性，确认其拥有者的权利，并且可以追溯 NFT 的整个创作和交易过程。NFT 具有可验证、唯一、不可分割和可追溯等特性，可以用来标记特定资产的所有权。其表现形式可以是图片、视频、3D 内容等。但不是所有的图片、视频内容都可以成为 NFT。图片等形式的作品必须经过铸造（mint）才能成为 NFT。简单来说，铸造的过程就是图片及其创意被记录在区块链上的过程。区块链技术对其发行、购买、收藏、转赠以及使用等流程进行记录，使其具有唯一性、不可复制、不可篡改以及永久存证的特征。以下从营销的角度将NFT称为数字藏品。

数字藏品是一种依存于区块链的数字资产。独一无二的数字作品绑定在同样独一无二的NFT上。这些数字作品通过区块链技术拥有了无法被随意篡改、可追溯源头的特性。不管这些数字内容怎么被复制和使用，原版永远是原版。《清明上河图》的仿作和复制品到处都是，但只有故宫博物院的那个才是真迹。就像画家手中的画作，其价值体现为收藏家的认可和出价。消费者只有认可了品牌，才会认可品牌发行的数字藏品。当稀缺性叠加品牌价值后，数字藏品便拥有了溢价空间。在线下世界，村上春树的一本实体书只有几十元，因为市面上有成千上万本一样的；然而，村上春树如果通过NFT平台在网络上将自己的《挪威的森林》做成限量发行的数字藏品，那么这件数字藏品的价格可能是几十万元甚至上百万元。同理，无论是路易威登、耐克还是NBA，它们都有自己经典的甚至可以载入史册的作品，而且它们仍在不断创作出新的作品或者精彩时刻。而这些精彩的、给人们带来感动的作品，在以前的技术体系下，无法直接给企业带来即时的收益。数字藏品的出现改变了这一点。

目前市面上主要有两类数字藏品：一类是社交型数字藏品，公开发行，以传递品牌价值为目的，供消费者收藏，引发特定圈层的共鸣；另一类是会员型数字藏品，具有门槛，是为品牌忠实顾客提供的礼品，持有者可以享受品牌提供的特殊权益。

数字藏品的产权归属、交易流转都会被详细记录并且不可篡改，这是因为它具有不可拆分和唯一的特性，这也使得 NFT 将成为元宇宙中赋能万物的价值机器，也是连接现实世界资产和数字世界资产的桥梁。对于品牌营销而言，数字藏品能给予某一品牌产品独特的定义，成为其具有唯一性的专属凭证，成为品牌的特色化身份标识。

2.1.1 数字藏品的应用场景

数字藏品是基于区块链技术的新产物。它能够在虚拟世界里占据一定地位，得益于它的不可替代性，衍生为一种加密资产，成为虚拟、加密世界中的艺术品。每一件数字藏品的来源都可以追溯，自带防伪属性。

数字藏品可以作为数字收藏艺术品满足收藏者的爱好。绘画、文物等艺术品是数字藏品最基础的应用，也是目前最受欢迎的种类，它与现实生活中的其他艺术品具有相似性，一样可以在网上购买。

与传统艺术品相比较，数字藏品具有不可篡改性，有防伪作用，确保了藏品的唯一性；数字藏品更具有自由性，任何人都可铸造和买卖数字藏品。

与价格高昂的传统收藏品比较，数字藏品让人们更容易得到、欣赏，同样能够满足人们的收藏需求。在阿里推出的"鲸探"上，用户可以建立自己的数字藏品展馆，将自己购买的众多数字藏品公开展示，供朋友们欣赏。

数字藏品是身份标识，能够满足人们的网上社交需求。拥有某类数字藏品的用户才可以参与一些社区举办的活动。例如，无聊猿系列就有专属于自己的用户俱乐部，拥有该系列数字藏品的用户才可以参加俱乐部聚会。再如，人们购买的一些数字藏品可以作为微信、微博等网络社交平台的头像，由于这些数字藏品限量发行，具有唯一性，能够满足人们彰显个性的需求。将自己收藏的数字藏品通过微信、微博进行展示，也是人们购买数字藏品的动力。

数字收藏品可以作为游戏道具，满足人们的娱乐需求。在游戏世界里包含许多数字藏品道具，玩家在游戏中可购买、制作或收集这些数字藏品道具。例如，目前支付宝发布的二维码皮肤数字收藏品就是为了满足人们在一些游戏中的需求。

数字藏品作为不可篡改的凭证，可赎回相应的实体产品。当消费者购买了品牌的一款实体产品后，他不仅可以拥有这款实体产品，还能参与实体产品背后数字藏品对应的各种权益、活动，成为品牌会员俱乐部的会员，甚至可以提前参与品牌的新品发售和品牌价值共建。

许多品牌方选择将数字藏品与实体产品结合，增强消费者与品牌方在真实世界的互动。目前许多实体产品的收藏家会选择这种形式，他们创造一个代表该实体产品的数字藏品，然后通过这种形式进行展示和交易。

消费者在购买实体产品时获赠数字藏品，能够有效提高消费体验感和满足感。江小白就采用了"实体产品＋数字藏品"的营销模式，通过购买实体产品赠送限量数字藏品，江小白成功激发了消费者的购买热情。阿迪达斯向消费者出售了总计 3 万个原创数字藏品，相比"发售后几分钟内被抢空"更有价值的是，这些阿迪达斯数字藏品的持有者可以将数字藏品兑换成与之对应的限量版的实体产品，且无须额外付费。购买阿迪达斯数字藏品的粉丝还可以第一时间获取限量款运动鞋、服装。品牌通过创造独属于自己的数字藏品提升消费者对品牌的忠诚度和参与感，建立品牌与消费者之间的情感纽带。

当然，数字藏品与实体结合的玩法有很多，不仅包括抽奖等玩法，还有其他一些玩法。例如，音乐以及影视类作品做成数字藏品，可以有效避免侵权和盗版，同时还可以通过数字藏品展示更多的内容。例如王家卫曾将《花样年华——一刹那》作为数字藏品在秋富比拍卖行进行拍卖。

目前，数字藏品的热衷用户主要集中于 Z 世代，这个群体标新立异，喜欢与众不同，他们喜欢稀缺性的商品，稀缺才能营造话题。谁拥有数字藏品，谁就获得炫耀的资本。数字藏品为什么受到年轻人的追捧？一方面，成长在原生网络环境下的年轻一代面对元宇宙、数字藏品等新事物具备更高的理解力、接受度和冒险精神；另一方面，数字藏品的新潮属性开辟了一个独特的垂直细分领域，正好切中目前Z世代以"圈层文化"为核心链接的社交模式，他们能敏锐地捕捉到品牌所传递的信号，并善于通过与内在价值契合的消费行为彰显个性，打造外在人设。品牌通过打造数字藏品进行年轻化尝试，进入Z世代的消费市场。假如未来出现沉浸式虚拟社交，人们可以跨平台进行互动和连接，数字藏品将成为一种重要的身份标识。数字藏品可以展示个人爱好与身份，对品牌而言也有较强的传播价值。因此，数字藏品不仅可以承载品牌更丰富、立体的表达，而且可以筛选和连接核心用户。

元宇宙如果是现实世界的镜像，那么现实世界中存在的任何事物都有可能在元宇宙中被复刻，而这个过程是一个先到先得和重新定义的过程。一些国际品牌率先抓住了这个机会。例如蒂芙妮（Tiffany）最近宣布正式涉足NFT领域，与CryptoPunk联名推出了首个NFT项目——NFTiff。NFTiff项目最大的特点是虚实结合，购买了NFTiff通行证的用户不仅可以获得一款独一无二的蒂芙妮定制版实体吊坠，还可以获得该吊坠的数字藏品。在官方发布的NFTiff项目宣传片中，蒂芙妮一改往日精致优雅的路线，小蓝盒变成了像素风，音乐变成了电子风，再配以CryptoPunk的吊坠示例，给人一种突然变身为潮牌的感觉。NFTiff系列以CryptoPunk为主题，限量发售250组，每组价值30以太币，约合5万美元。除了限量发售之外，NFTiff系列的销售对象被限定为CryptoPunk的持有者，且每个用户限购3个NFTiff通行证。NFTiff系列仅20分钟便全部售罄，成功用这 250 组通行证筹集了超过 1250 万美元。

据悉，耐克公司已向美国专利及商标局提交了 7 项虚拟商品的商标申请，包括 Nike、Just Do It、Jordan 等。这些商标未来将应用于虚拟商品以及以虚拟商品为特色的零售和娱乐服务。目前，全球一线品牌已经开始着手备战元宇宙世界里的商业战争。

2.1.2　数字藏品的玩法

从营销的角度，品牌（尤其是面向 C 端的消费品品牌）应该抢占元宇宙风口，打造虚拟形象或艺术藏品，以一种全新的品牌形象与年轻消费者产生链接。从趋势的角度看，越是在竞争中处于弱势的品牌越应该率先布局元宇宙，因为它是一个全新的、无竞争的空间或渠道。在当前，元宇宙中几乎所有的品类都是空白，你可以成为元宇宙第一咖啡品牌，也可以成为元宇宙第一跑车品牌，只需要设计开发出自己的数字藏品。未来，产品开发逻辑也会转为"先虚拟后现实"，那么在元宇宙中的领导品牌就有可能成为现实中的领导品牌。

对于品牌来说，NFT 有以下玩法：

（1）花式发行，引爆流量。以多买、早买、盲盒、限量的形式，激发社交传播和裂变分享，例如在社交网络中晒虚拟鞋，通过多次购买或分享奥利奥数字藏品获得更多抽奖机会，等等。

（2）抢占IP位，事件营销。李宁公司和无聊猿的数字藏品热度最高，反响最好。周杰伦"幻影熊"被一抢而光。这些都是头部IP。还可结合节日、事件公益、营销，例如安慕希诈骗主题数字酸奶藏品。

（3）打通虚实，开拓新品类。例如，抢数字藏品送线下实物和权益，将数字藏品当成品牌会员的身份证、演唱会门票等，进一步凸显了品牌数字产品的价值与稀有性。还可以在艺术、音乐之外开拓其他亚文化种类，如李宁&无聊猿定制款飞盘。

（4）增加价值，用户共创。价值主要有两类：功能性价值，如入场券、会员权益证明；情感价值，如飞鹤公司的宝宝成长纪念数字藏品，B站给老粉发放数字藏品并支持二次创作。可编程的数字藏品还能通过数量叠加升值。未来，数字藏品将从品牌发行转变到用户主动创作，从纯吸睛转变到增值权益。

2.2 数字藏品营销

营销的核心是沟通与共鸣。数字藏品的出现，成为品牌与用户沟通的载体。数字藏品具有唯一性、稀缺性和不可分割性等特性，这些特性赋予其收藏和投资的价值，同时也使营销价值大大凸显。

物以稀为贵，绝对的稀缺性意味着参与者拥有丰厚的社交资本。

其本质与限量、定制、VIP 会员异曲同工，均是构建"我有你无"的等级感和超值感。此时，数字藏品不仅是一个数字资产，更是一种社交工具，它彰显了拥有者的身份、权利、荣誉以及幸运。而这种属性在现实与虚拟两个世界中是互通的。例如，奢侈品品牌推出的限量产品往往都会受到收藏家的疯狂追捧。

数字藏品天生具有强社交货币的属性。人们追捧数字藏品，追捧的是一种稀缺性，追捧的是一种炫耀性。假如你拥有一个世界上独一无二的东西，是不是很酷？是不是迫不及待想让周围人知道？由此也就不难理解为什么一个数字藏品头像可以动辄几百万元，这不是在为一张图片买单，而是在为其代表的社交功能买单。

2.2.1　元宇宙为营销带来的机遇

随着虚实共生的消费场域的建立与完善，在未来元宇宙概念下的各类消费空间与生态中，数字藏品与数字人将有更大的应用前景。元宇宙为营销带来的机遇主要体现在以下几方面：

（1）丰富广告体验。虚拟技术为品牌提供了全新的创意和表达形式，品牌通过更具冲击力的交互方式可以提升用户的广告体验。

（2）强化互动体验。数字世界突破了物理和时空限制，在为品牌带来了强大流量曝光的同时，也为用户创造了身临其境的体验，互动形式多样，用户参与度高，品牌具备更高的营销灵活性。

（3）强化品牌关系。在数字空间中，品牌与用户的关系不仅围绕产品展开，用户还可以在品牌空间中通过创造、社交等活动建立强情感关联。

（4）重构零售形式。元宇宙为品牌实体产品进入数字世界提供了无限可能，同时，XR技术也为传统商业带来了全新体验，推动消费者回归现实。

在移动互联网时代，主要通过文字、图片、视频等2D形式建立虚拟世界，而未来在元宇宙时代，现实世界在虚拟世界中实现数字化重造，建立完全虚拟化的平行世界。以购置衣服为例，早期用户通过在电商平台上浏览图文评价的方式获取平面信息，买家秀与卖家秀成为调侃话题；如今短视频以及直播带货成为风潮，立体化、互动式呈现衣服在不同模特身上的效果，一定程度上提升了信息传递的准确性。

未来的视觉营销手段会更加丰富，用户对时尚造型的需求更加多元。时尚品牌需要综合利用虚拟现实、增强现实等视觉交互技术，让用户可以直接看到衣服在自己身上呈现的视觉效果，进行沉浸式购物，从而做出更合理的购买决策。最关键的是，品牌的目标受众还是同样喜欢和热爱潮流、在网上肆意冲浪的Z世代，从现实人群到元宇宙中的"人"的平移几乎是无缝的。

2.2.2　数字藏品的营销价值

数字藏品的营销价值如下。

（1）助力品牌年轻化。品牌借助数字藏品营销，不仅可以吸引Z世代新用户群，而且可以助力品牌打造年轻化品牌形象，表明品牌已站在潮流前沿，与Z世代拥有共同语言。

（2）增加活动传播性和持续性。数字化形式更利于扩散传播，结合节日、周年庆等重大事件，数字藏品可以为参与品牌活动的消费者创造情感体验与独家记忆。数字藏品作为虚拟世界与现实世界的桥梁，赋予了实体产品数字化生命形态和福利性附属权益，延长了品牌产品的生命长度，增加了其价值维度，一经发行就永远存在于虚拟世界，不会随着活动落幕或品牌势微而消逝。

（3）提升用户参与度，降低共创成本。数字藏品大大降低了品牌邀请用户参与产品共创的成本，通过数字藏品建设品牌社区，沉淀私域流量。相较于数字藏品的流通，在品牌营销的语境中，数字藏品更适合成为用户参与品牌运营的载体和方式。

（4）数字藏品是数字时代新的社交通行证。数字藏品作为新生事物，除了本身自带的商业属性之外，也是一种社交名片。2022年1月，Twitter率先推出NFT头像认证功能，用户可将NFT作品设为个人账号图片，并获得一个漂亮的新六边形边框，以此与普通用户区别开来，营造出稀缺感和专属氛围感。在国内，哔哩哔哩发行了首款数字头像——鸽德。和其他藏品相比，这款产品还多了两个新功能：衍生品制作和线上二次创作。

（5）数字藏品带货，多种玩法促销。虚实相生，就是将产品和服务变成元宇宙的道具和互动叙事，既卖货又做品牌，品效合一。数字藏品凭借区块链技术特征，可助力品牌搭建基于数字藏品的会员管理体系，为品牌在虚拟世界的运营提供全新手段。数字藏品发行还可以结合节日、公益、艺术等带动销售，探索诸如会员身份、积分体系、限量买赠、IP联名等多种组合玩法。

（6）探索品牌多元化收益。虽然目前大多数国际品牌选择将数字藏品售卖所得捐赠慈善机构，该行为可解读为品牌正在试水数字藏品产业化，以探索品牌在未来直接售卖虚拟主营产品、利用品牌独特资产或优势创造NFT等可能性。

数字藏品正在改变品牌和IP所有者与消费者的互动方式，在品牌、IP所有者和消费者之间提供了一种直接的关系，可以作为已经获得的真实或数字权益的护照/通行证。例如，某品牌专有数字藏品的所有者通过身份验证后，可以参与品牌虚拟新品的发布活动。

将数字藏品拆开来看，在复杂难懂的技术外衣包裹下，其核心是品牌所发售的内容和权益。在内容上，单一的收藏或者自定义创造已经难以满足用户对美好生活的向往。如何超越传统会员服务，赋予用户更多权益，线上与线下互通，成为数字藏品营销持续发展的重要因素。

数字藏品营销首先要思考的就是品牌能够给用户提供什么样的稀缺权益，换言之，就是数字藏品提供给参与者的社交资本是什么。数字藏品营销的关键就是抓住这个要点，艺术品和装备、唯一性和独特性都只是表象，社交性才是唯一的核心，才是数字藏品营销的底层逻辑。

品牌铸造的数字藏品能够给粉丝带来的是收藏价值、升值空间、参与权利、至高荣誉还是单纯的炫耀资本？当拥有者向别人展示其数字藏品时，别人是否会感兴趣，是否会羡慕或尖叫，是否也想拥有却得不到？

这是驱动粉丝积极参与以及玩好数字藏品营销的原点和关键。通常来说，品牌可以从纪念日、超级单品、限量产品、创始人以及特殊用户故事等多个角度策划，把握品牌与消费者交互过程中的特殊时刻、唯一时刻以及值得珍藏或炫耀的瞬间。

社交共识非常重要。如果所有人都认为你的数字藏品就是一张图片，那么数字藏品就失去了意义，所谓的稀缺权益也就成了空谈。

所以，在整个数字藏品营销事件的策划上，一定要有清晰可操作的社交玩法，确保能够影响核心人群，形成基本共识，进而让这些人能够为品牌数字藏品二次传播，扩大共识。甚至可以考虑让核心粉丝参与铸造环节、免费空投、给予增值权益等形式和方法，打造独特的社交体验，将社交值拉满。

2.2.3 数字藏品营销如何为品牌赋能

品牌与数字藏品的结合，为品牌注入潮酷、科技、趣味、年轻化等元素，以一种新鲜的方式走进消费者的认知。例如，奥利奥在推出全球首款白色奥利奥饼干之际，利用数字藏品将杭州水墨艺术展与奥利奥饼干结合，生成了 5000 块永不过期的水墨国风数字饼干。

奥利奥和周杰伦联合做了一个名为"国风水墨画"的年度营销活动，其中一个很重要的环节就是发行数字饼干这款数字藏品。该活动分为三步：

（1）在不同平台上发布广告进行造势，告诉用户可以免费领取一个奥利奥的数字藏品。

（2）用户进入"玩心小宇宙"小程序，注册成为奥利奥的会员，领取幸运码，在小程序上购买奥利奥饼干可以多获得一个幸运码，上限是4个。集齐4个幸运码后，用户就会得到数字饼干的抽奖资格。

（3）持有 4 个幸运码的用户参与数字饼干抽奖。数字幸运码限量发行 5000 个，需要持幸运码在规定时间参与抽奖，而且数字饼干是盲盒，每个数字饼干的款式不一样。在"玩心小宇宙"小程序内，用户可以看到自己收藏的数字饼干。

从社交价值上看，数字藏品已经成为时下最新潮的社交方式，走在潮流与时尚的前沿，为消费者带来不一样的价值赋能。未来，将年轻人关注的潮流元素融入品牌并与他们共同打造数字藏品将成为趋势。通过制造热门话题，开辟私域社区，激活数字藏品的社交属性，创造品牌与目标受众间的珍贵回忆、纪念和公共对话空间，在抢占年轻群体心智、增强其品牌认知和归属感方面具有不可忽视的作用。数字藏品可以帮助品牌实现更具黏性和圈层价值的社区营销并实现潜在的虚拟用户管理，体现在通过数字藏品赋能用户新品体验和购买特权，依托数字藏品搭建新的品牌圈层和社区。

一方面，品牌通过发售特殊的数字藏品构建可溯源的会员制度，帮助品牌实现用户关系管理，提高用户黏性。不管用户从什么渠道购买产品，品牌都能够通过产品背后的数字藏品与用户建立起长期的关系，定向为用户提供各种专属权益。

另一方面，品牌可以在专属的虚拟空间内定向发放数字藏品，实现社区运营。例如，作为虚拟世界 Decentraland 时装周的独家美妆品牌合作伙伴，雅诗兰黛免费向用户发放了 1 万个可穿戴数字藏品，并打造了以"小棕瓶瓶身"为模型的虚拟空间，为用户提供了全新的虚拟形象。在品牌的不同阶段，数字藏品营销可以发挥不同的价值。

首先，在认知阶段，数字藏品营销可以创造热点话题，吸引年轻用户自发关注与讨论，传递品牌精神与价值主张。

其次，在体验阶段，数字藏品营销比传统营销方式更能提高用户的关注度和兴趣度。品牌可以尝试空投、预约等数字藏品玩法，提高目标用户与品牌互动的频次，强化用户对品牌的兴趣。

最后，在销售阶段，数字藏品可以作为给长期客户的赠品，类似过去 VIP 顾客送积分、送实体产品等，以满足消费者的精神需求。也可以设置一定的门槛发放数字藏品，作为一个特殊权益的入场券，丰富会员体系的玩法。通过数字藏品进一步挖掘与传播品牌故事，为品牌长远发展注入新动力。

如果说元宇宙打造了一个乌托邦式的虚拟世界，那么数字藏品将是维持这个虚拟世界开展经济活动必不可缺的工具。数字藏品未来也许会突破虚拟空间的限制，回到现实世界。

中信证券公司的专业人士认为，元宇宙的建立将带来丰富的数字场景与数字资产。NFT 为元宇宙内数字资产的产生、确权、定价、流转、溯源等环节提供了底层支持。"万物皆可 NFT。"品牌跨界发行可以吸引大众的注意力，品牌的数字藏品探索可以将消费者对品牌的关注推到新的境界与高度。

2.3 数字藏品的分类

数字藏品从商业应用场景的角度可以分为 10 类。

1. 实体产品

可以简单地为数字藏品添加实体产品，即允许持有者用自己的数字藏品兑换现实世界中的产品。运动服装巨头阿迪达斯与 BAYC 推出了一项 NFT 合作，用户可获得包括卫衣、运动服和帽子在内的独家实体产品。

2. 实体活动门票

采用数字藏品形式的门票不仅可以防止伪造，而且生产成本也很低，所以数字藏品正在票务行业中风生水起。

再以一年一度的现实生活中的社区聚会 ApeFest 为例，这是一个为 BAYC 和 MAYC 的持有者提供宣传、加强社区和保持持有者忠诚度的活动。ApeFest 仅对 BAYC 和 MAYC 持有者开放，用户需持有 NFT 才能参加该活动。

3. 元宇宙活动

以 Cereal Club 为例，它不仅是一个收藏品，而且它的持有者可以参加线下元宇宙聚会，这个活动十分吸引创作者、NFT 投资者、市场专家等。

4. 投票权

如何让数字藏品持有者对品牌更感兴趣？最好的办法是让他们自己决定对他们来说真正重要的事情。从新功能到全新空投，数字藏品持有者都可以拥有投票权。

以 Launch 娱乐公司为例。今年 6 月，该公司推出了 W3BSTOCK，这是世界上第一个由区块链技术驱动的现实生活中的音乐节实体活动，由 NFT 持有者拥有和策划。NFT 所有权终身有效，包括免费入场、购买相关商品和 VIP 住宿。更令人兴奋的是，NFT 持有者可以投票决定谁在音乐节上表演以及何时表演。

5. 促销码和折扣码

以咖啡为主题的 NFT 项目 Crypto Baristas 不仅创造了一系列与咖啡相关的酷角色，而且提供了现实生活中免费咖啡的促销码，用户可以在 NFT 创作者位于纽约市中心的酷咖啡馆兑换免费咖啡。

通常认为促销码和折扣码是增加数字藏品效用的简单方法，让数字藏品持有者有机会获得免费的东西或低成本的产品，有助于保持他们的黏性和忠诚度。2022 年 8 月，G-Star RAW 向其数字藏品持有者提供 25% 的折扣码。

6. 独家视频

可以使用数字藏品为持有者提供公众无法观看的独家视频。例如，AMC 电视网广受欢迎的丧尸剧《行尸走肉》凭借其稀有、独特、顶级的数字藏品和沉浸式体验使粉丝们有机会拥有这部电视剧的一部分遗产。更重要的是，数字藏品的持有者可以观看独家幕后视频，让他们有机会了解拍摄这一系列电视剧的某一集是什么感觉。

7. AMA

人们可以通过 AMA（Ask My Anything）活动近距离接触自己最喜欢的明星。NFT 超级巨星 Gary Vee 是一个很好的例子，广受欢迎的 Vee Friends 系列为 NFT 持有者提供了通过 Facetime 与 Gary Vee 本人进行独家虚拟会面的机会，并有机会通过现场 AMA 会议和他交流。

8. 独家内容

提供独家内容是另一种让数字藏品持有者保持忠诚度的方法。

电影导演昆汀·塔伦蒂诺（Quentin Tarantino）的 Tarantino 系列 NFT 在这一点上做得很好。Tarantino NFT 在昆汀的粉丝中非常受欢迎，它提供了一些在其他地方根本无法获得的独家内容，包括删减的镜头和对导演本人的采访等。

9. 代币空投

数字藏品的创造者将代币空投到数字藏品持有者的钱包中，以保持数字藏品的新鲜和活力，并让数字藏品持有者与品牌保持联系。

10. 新发布的白名单

白名单是预先批准的数字藏品预售的加密钱包地址。它就像一个早期访问列表，确保特定数量的加密钱包可以制造一个或多个新项目的数字藏品——这是一个奖励数字藏品忠实持有者的绝妙方式。

总之，从独家俱乐部会员到访问聚会和新的收藏品，数字藏品的应用场景是无穷无尽的。

早期数字藏品吸引的是加密发烧友，到后来逐渐聚合的是小众领域的粉丝，但这都不是数字藏品真正的价值，它必将走向大众、服务大众。未来，每个独立的个体都可以被标记为一件独特的数字藏品，持有者能通过数字藏品找到与其特征匹配的群体。

对此，世界最大的综合性 NFT 交易平台 OpenSea 的创始人德温·芬泽（Devin Finzer）设想：在数字藏品的世界中，艺术家和创意者以出售数字艺术为生；忠实的粉丝从他们最喜欢的运动员和音乐家那里购买收藏品；拥有共同爱好和利益的团体通过共享所有权找到其他会员、社区和归属感；更多新职业（如虚拟世界房地产经纪人、虚拟现实雕塑设计师）将不断涌现。

2.4　如何打造超级IP

　　IP 基于圈层打造人设符号，以价值观聚合粉丝，向外延展。其本质是数字消费时代的传播升级。熊本熊、《王者荣耀》、《复仇者联盟》、丁真……这是一个"万物皆可 IP"的时代。

2.4.1　IP的兴起

　　什么是 IP？腾讯公司对 IP 的定义是"经过市场验证，承载用户情感的符号和载体"。"经过市场验证"是指 IP 能赚钱或者受欢迎，而"承载用户情感"则是指 IP 要契合用户深层次的情感结构和价值观。IP 的价值就是与人们的生活、情感产生共鸣，成为人们内在价值观的映射，人们愿意把虚拟世界中的物品变成个人生活中的一种期待或象征。

　　IP 不是为品牌拉流量的员工。IP 其实更像品牌的朋友，它通过自身的影响力将自己的朋友介绍给品牌，从而使品牌获得更多用户群体的关注。IP 是人格化的超级符号，其背后承载的是目标受众的认同与信任，在当今乃至未来的商业世界里，认同与信任是最稀缺、最宝贵的社会资源之一。

　　IP 形象可以拉近品牌与消费者之间的关系，让消费者能一眼就认识品牌、记住品牌、喜爱品牌，并愿意传播品牌，使之融入消费者的生活，成为大众生活中的社交话题。

　　IP 不仅可以降低品牌传播成本，更直接生动地表达品牌，而且能提高品牌识别度。品牌形象拟人化为传播提供了多样化策略，更容易与消费者形成互动。IP 的核心在于价值观，围绕价值观，通过各种内容和手段与受众进行互动，建立情感，形成具有黏性的圈层。

　　移动互联网的高速发展使信息传播进一步突破时空的阻隔，信息由中心化的单向传播转为去中心化的双向互动。传播环境与传播关系围绕"互联"与"去中心化"发生了一系列变革。互联网商业建立在巨大的流量基础之上。但要把握住流量机遇却并非易事，如今企业面临着比以往更严峻的注意力挑战。海量的碎片化信息转瞬即逝，注意力分散在不同渠道，从前的信息接收者现在掌握了更多的话语权。这导致获取注意力难，维持注意力更难。如何保持影响力，与受众建立长久关系呢？答案在于情感连接。与受众志趣相投、彼此融入，才能建立长久的关系。

2.4.2　IP的分类

　　营销大师赛斯·高汀（Seth Godin）将品牌定义为影响客户选择的期望、记忆、故事和关系。IP 是粉丝对创作者心智文化的认可凝聚而成的一种情感寄托。品牌 IP 化的最大价值在于：通过挖掘品牌的人性，赋予其性格、文化、价值观，使其更像一个有血、有肉、有灵魂的人，通过持续的内容生产吸引用户参与，进而使用户产生精神共鸣，在与用户产生联系的过程中体现情怀和温度，最终实现商业价值。基于上面的描述，可以把 IP 分为 4 类，分别是形象 IP、

活动 IP、人设 IP 和故事 IP。

1. 形象 IP

品牌形象 IP，通俗地说，就是把品牌的知识产权通过一个形象具体化。历史上成功的形象 IP 有很多，例如大家熟知的米老鼠、唐老鸭、熊本熊、葫芦娃。它们除了有趣的形象之外，还有自己的性格、文化以及故事。精彩的外形固然让人印象深刻，但能一代代传承的是有血、有肉、有灵魂、具有特殊的精神或文化的个体。形象 IP 往往承载着企业对品牌价值观的表达，同时也衍生出形象 IP 本身的性格特点。

企业把没有生命的标识（logo）转化为品牌的形象 IP，让消费者对品牌的认识和理解更加容易，这是一种和消费者沟通更有效的方式。在未来，每个品牌都需要设计一个形象 IP。品牌有了形象 IP，更容易与消费者产生紧密连接，展示品牌形象，更容易影响消费者的心智。比如，提起孙悟空，大家都知道这是降魔除妖、神通广大、调皮可爱的化身，而不是一只单纯的猴子；提起熊本熊，大家都能联想到一个圆胖可爱、贱兮兮、神出鬼没的形象；提起肯德基，大家想到的就是白胡子的上校爷爷。因此，形象 IP 的核心就是打造超级文化符号。

2. 活动 IP

活动 IP 又可分为以下 4 类。

1）品牌形象类

品牌形象类活动IP是指用一个活动IP承载品牌形象，输出品牌理念，如纽崔莱健康跑、维密秀、淘宝造物节、特步跑步节等。

2）促销活动类

促销活动类活动IP最广为人知的例子是"双11"、"双12"和"6·18"。

3）节日营销类

每年的节日都在固定的时间，民众有着同样的心理期待。节日营销类活动IP的例子包括蓝月亮每年中秋的"超级月亮"盛典、百事可乐每年春节的"把乐带回家"、舒肤佳每年春节的"洗手吃饭"等。

4）用户组织和社区活动类

用户组织和社区活动类活动IP是指把活动变成用户的盛大节庆和用户联欢，如小米的米粉节、爆米花、红色星期二、橙色星期五和宝骏的爱E日等。

3. 人设IP

人设IP可以让品牌更人性化，更接地气。人设越饱满，呈现出的内涵也就越立体。人设IP不仅可以省去一定的推广费用，还可以为品牌打造口碑效应。人设IP就是为品牌打造具体的人物角色，常见的有以下4类。

1）广告角色

传统的人设 IP 主要出现在品牌广告中，作为创意的主角。它要么是品牌的实体化，如肯德基上校、麦当劳叔叔、江小白、小茗同学、张君雅小妹妹；要么是典型消费者的化身，如万宝路牛仔、欧仕派赤裸上身的健壮男人等。

2）品牌吉祥物

品牌吉祥物类人设 IP 的例子包括金霸王的兔子，小米的米兔，招商银行的招小喵，三只松鼠的鼠小贱、鼠小妹和鼠小酷，天猫的猫，京东的 JOY 狗等。大红大紫的吉祥物有很多，例如熊本熊，LINE FRIENDS 家族（共 11 位成员）的布朗熊、可妮兔、馒头人、莎莉鸭、蛙里奥等，迪士尼的玲娜贝尔，北京冬奥会吉祥物冰墩墩，它们大多是萌经济产物。

3）虚拟形象

虚拟形象类人设 IP 的例子包括哈啤的哈酱、屈臣氏的屈晨曦、麦当劳的开心姐姐、花西子的花西子等，它们大多是元宇宙的产物。

4）自媒体人设账号

对于自媒体和私域运营来说，也需要打造一个人设 IP。例如完美日记的"小完子"的人设 IP 是美妆顾问。完美日记注册了几百个个人微信号，账号统一都叫小完子，头像是一名真人少女，她的朋友圈会分享真人自拍、个人生活记录和美妆技巧等，让用户感觉真实、亲切、专业、可信。

4. 故事 IP

好莱坞编剧教父罗伯特·麦基（Robert McKee）在《故事经济学》中这样表述："品牌是无形、抽象且真实的，营销人员的工作是令品牌清晰真实，并利用它的真实性讲述吸引人的故事。"显然，讲好一个故事是成就一个好品牌的基础。喜欢听故事是人类的天性，故事可以连接不同圈层、不同阅历、不同背景的人们关注同样的事情。

人类进化史上有一个种群——智人，从一个平凡至极的物种成长为万物主宰。人类主宰地球靠的并不是智力和使用工具的能力，而是大规模的协作，这种大规模的协作在很大程度上依赖于智人特有的想象力。这不仅是一个人在想象，而是千千万万人一起想象，编织出种种共同的虚构故事。所谓的领导就是要激活一群人的共同想象，编织一个共同认可的故事，让群体相信这个故事，形成信仰，从而组织他们进行大规模高效协作。

人类的整个历史其实就是一部协作史，家庭协作、集体协作、国家协作，都是围绕协作展开的。就算是大批互不相识的人，只要相信某个故事，就能协作。正是由于人类懂得大规模协作，懂得发挥群体智慧，才得以在数百万年的漫长进化中脱颖而出。国家、宗教、民族、公司、金钱，这些人们习以为常、不可一日或缺的概念，居然都只不过是我们的想象和幻觉，是人类讲的故事。正是对这些故事和想象的共同认可，使人类得以组织起来，力量越来越强大。

买 Zippo 打火机的人绝对不是因为它打出来的火更好点烟，而是因为人们喜欢这个品牌，喜欢这个品牌所传播的文化故事。依云矿泉水通过一个法国贵族喝依云水治愈肾结石的故事成为全世界最贵的矿泉水。张瑞敏砸冰箱的故事让无数人感受到海尔公司对质量的态度。

2.4.3　IP的社交货币本质

为什么某些思想几乎能一夜流行，而另一些却石沉大海？为什么有些产品无处不在，而另一些则无人问津？如何衡量内容的价值？为什么有的内容会被疯传？这取决于内容能否成为人们交流沟通的社交货币。

什么是社交货币？人们倾向于分享对自己有益的事物。分享本身能与财富获取一样形成价值流通和交换，这就是社交货币。

哈佛大学神经科学家简森·米歇尔和戴安娜·塔米尔曾做过一项研究，把脑部扫描仪放置在被测试者头部，然后向被测试者提出各种分享信息的问题，比如他们喜爱的动物或运动项目。结果发现，被测试者在分享个人观点时的脑电波与他们获得钱财和食物时一样呈现为兴奋状态。两位科学家得出结论："自由表达和披露信息本身就是一种内在的奖励。"通俗地说就是，分享内容本身会让分享者产生类似获得奖励的生理上的愉悦。这种愉悦来自何处？来自找到同好者的归属感。

人生而孤独，却不甘寂寞。我们的潜意识总是期望通过分享内容找到趣味相投的人，如同生物界的动物会通过散发气味找到同类一样。我们在朋友圈更新状态，分享的动作不重要，重要的是能否有人给予积极的回应与点赞、热烈的评论和转发，这体现了一种源出同脉的认同。

在新消费人群圈层化、传播碎片化、消费情感化、品牌年轻化的商业背景下，IP成为新一代年轻人的社交货币。它让人们在共同的话题下产生连接协作、身份认同和归属感。越强的IP，社交货币的面值越高，流通速度越快。

对品牌而言，IP的作用就是源源不断地制造话题，让每一个用户成为"行走的广告"。借助社交链路扩大传播范围，使数字藏品成为用户自我表达的社交货币。对于品牌营销而言，强社交性带来的是强口碑传播，如果一场营销活动可以引发参与者的二次或三次传播，将大大提升品牌的影响力，反向也会吸引媒体和舆论的自发传播，达到重复曝光的效果。

2.5　如何从IP的角度重新定义数字藏品

社会学家让·鲍德里亚（Jean Baudrillard）在《消费社会》一书中提出："人的消费行为不只是基于商品的使用价值，更是追求产品背后的符号意义。"在新消费背景下，随着Z世代消费群体的崛起，消费者的关注点从使用价值向符号价值转移，于是品牌纷纷打造虚拟偶像人设符号，让真实场景与虚拟事物相结合，为品牌IP的发展赋予了新场景、新内容。

2.5.1 数字藏品的内在动力是共识

无论什么类型的数字藏品，都建立在一整套庞大、完整的共识机制的基础之上。共识机制需要相当多的粉丝和拥趸作为支撑，而这些粉丝和拥趸就是我们经常所说的区块链语境里的"点"。这些"点"所形成的一套共识机制就是我们现在所看到的数字藏品。

共识机制就是以粉丝和拥趸为代表的"点"对于明星IP、内容IP所达成的某种共识，正是由于这些共识的存在，才成就了数字藏品的价值。因此，从内在的逻辑看，IP才是数字藏品的本质内核，通常所看到的数字藏品，仅仅是IP的数字具象化而已。背后的商业逻辑是虚拟数字人作为IP互动形象成为放大品牌影响力的基点，数字藏品作为社区的钥匙及变现机制，是IP社区及商业化的通道，以元宇宙空间作为互动场景，全方位展示品牌。

如果支撑数字藏品的这套共识机制仅仅是少数人的共识，那么这样的数字藏品其实就是另类数字货币，并没有什么特别的内涵和意义。

元宇宙和数字藏品的玩家大部分是90后、00后的年轻人，这些在互联网时代成长起来的人群对于 IP 的狂热远比人们想象得更为疯狂。一个好的 IP 可以孵化出自己的文化、社区乃至圈层。他们对一些项目 IP 赋予自己的情感和寄托，追求生活的仪式感。

真正驱动数字藏品运行的是大量用户对于某个 IP 或某个明星的共识，并且这种共识不需要某个中心来证明。这与区块链的内在运行逻辑是相通的，我们需要从区块链的角度重新认识数字藏品，而不是从数字货币的角度理解数字藏品。那些对数字藏品抱有幻想的人其实是用数字货币的思维看待数字藏品，而不是用 IP 思维看待数字藏品。

现在数字藏品市场之所以会有如此多的乱象，一个很重要的原因就是人们并没有真正理解什么才是真正的数字藏品，什么才是驱动数字藏品运行的内在力量，仅仅看到了数字藏品带来的暴富，最终有可能将数字藏品带入死胡同。

2.5.2　IP的NFT化

被誉为“广告教父”的大卫·奥格威（David Ogilvy）的“品牌形象论”提出将品牌拟人化，然后建立品牌与消费者之间的某种关系或关联。问题是，在现实世界中品牌的具象化形象是空缺的，虽然大部分时间它由品牌名、Logo 视觉、核心品项、文案调性、营销风格所组成，但这些都是碎片化的，需要消费者花很长时间去联想、去拼凑、去认同，才能形成一个完整、具体的品牌形象。

而在元宇宙的世界里，品牌可以与其虚拟形象更加融合。虽然其形象本质上是虚拟的，但是可以让消费者与品牌形象之间产生真实的社交互动体验。例如，Louis Vuitton 在成立 200 周年之际，推出了一款手机游戏 *Louis The Game*。在游戏中，用户跟随品牌虚拟偶像 Vivienne 前往巴黎、伦敦、北京、纽约等国际都市。再如奈雪的茶在品牌 6 周年之际推出品牌大使 NAYUKI。其形象设计突出品牌元素，例如头带奈雪标志性爱心塞，眼睛、着装采用了奈雪标识性的抹茶绿等。该形象以数字艺术品形式推出，并以盲盒形式限量发售。

这种打造品牌 IP 的方式极大地拉近了品牌与粉丝的距离，打破了原有的物理限制，成为一个个真实的"人物"。

IP 的 NFT 化是品牌进军元宇宙的通行证。数字藏品的内在逻辑是现实 IP 的数字化。数字藏品是连接虚拟世界和物理世界的通行证。

2.5.3 品牌发行数字藏品的步骤

数字藏品作为品牌和用户之间的沟通桥梁，更能发挥品牌的 IP 价值。数字藏品的价值唯有通过赋能实体经济才得以体现。

品牌以发行数字藏品的方式运营 IP 的步骤如下：

（1）要确定是自创新IP还是寻找有影响力的IP。

（2）寻找媒体，达到媒体矩阵的效果。同时可以寻找一批志同道合的合作伙伴，组建运营团队。

（3）构建社区，包括品牌的忠实粉丝群和IP自带粉丝群，在社区内多互动，多搞活动，增加用户黏性。

（4）为发售的数字藏品取名，这个名字要足够吸引人。

（5）设计背景故事。从创作灵感、项目说明、故事连环逻辑性、赋能、架构设计、整体规划等多个层面进行设计。

（6）确定发售方式。通过前期构建的社区，确定发售方式是单品多编的方式还是单品单编的方式，是分级还是分批次设计元素，从而设置稀有度、定价、定流、定量、定批次。

（7）增加赋能。好的赋能可以激发用户的购买需求，增强信任感，形成价值共识。要确定是从奖励机制入手还是从权益机制入手。

（8）确定首发时间，在社群内不断互动，让社区持续活跃。

（9）寻找项目背书。有一个好的背书，是最有说服力的。

（10）寻找行业大咖、KOL（Key Opinion Leader，关键意见领袖）或者具有影响力的人，让他们先期持有数字藏品。数字藏品的持有者决定了数字藏品的天花板。

（11）在项目发售后，不断造势、引流、持续赋能。后期可以辐射到一些周边的实物商品，如文创、衍生品的开发。

2.5.4 数字藏品社区：品牌营销的新阵营

数字藏品社区是品牌营销的放大器。品牌通过数字藏品建构与用户沟通的新渠道。品牌利用数字藏品社区，围绕品牌形象或者品牌故事，让玩家展开二次创作，为数字藏品头像或者人物创造故事或建构世界观。品牌从过去自己书写故事转变为在社区里与数字藏品持有者共创故事。例如，在社区中搭建一个架构，由品牌官方宣布不同章节、不同主题的活动。每章有不同的玩法：或是让消费者书写故事，或是寻宝，或是品牌形象的 cosplay。同时，设置一定的虚拟积分或实物奖品奖励。

在 Web 3.0 时代，打造品牌就是建设社区，在认知与共识凝结起来以后再做产品。人们在数字世界的劳动成果可以用数字藏品进行封装。一群天南地北的人可以围绕一个项目进行创作，并且能够分清责权利。一个数字藏品项目的持有者有几千人，社区有上万人，这个数量按照 Web 2.0 世界中传统品牌的转化率计算，其能量与一个拥有数百万甚至上千万关注者的品牌相当。更重要的是这群人彼此之间有极强的连接，从某种意义上说，这已不仅仅是品牌与粉丝的关系，而是品牌"宗教"。

当品牌拥有一群坚定的支持者时，建立在这个共识之上做任何产品都是合理的。很多情况下根本不需要品牌自己去做，会有知名服装品牌主动联名，会有游戏开发商主动将品牌接入游戏中，会有音乐人主动创作歌曲，会有影视公司主动创作影视作品。品牌的影响力会迎来指数级的爆发增长，而影响力的持续扩大又会带来更强大的品牌效应与共识。

品牌可以通过数字藏品赋予各种实体相应的权益，例如餐馆发行数字藏品赋予预约位置的权益，音乐节发行数字藏品赋予 VIP 看台的权益，数字藏品持有者加入高阶会员并与创始人面对面的权益……总之，数字藏品为品牌营销开启了广阔的想象空间。

2.6　数字藏品如何为品牌私域赋能

当前的市场环境不容乐观。面对各种概念层出不穷、眼花缭乱的营销圈，唯有经典可以穿越迷雾。重温彼得·德鲁克的醒世警言，依然让人回味无穷："企业最重要的功能就是营销和创新，除此之外，都是成本。"对于大多数企业而言，创新是奢侈品，活下去才是硬道理。此时此境，营销显得尤为重要，毕竟源源不断的现金流是活下去的唯一保障。

2.6.1　传统营销之困

总览当前品牌的营销困境，各种营销套路你方唱罢我登场，却都乏善可陈，企业使出浑身解数，用户依然无动于衷。面对越来越贵的流量，敢问路在何方？之所以一直找不到让人满意的答案，是因为没有发现真正的问题。长久以来，企业最头痛的问题就是如何提高用户的转化率、复购率、客单价和转发率。这一系列问题的关键点就是如何持续地触达用户，跟用户互动，与用户建立持续良好的关系。真正的问题来了，除了产品之外，企业靠什么与用户建立持续有黏性的强关系？社区的出现让企业看到一线希望。然而好景不长，流水线、标准化的社区运营操作很快再次陷入内卷局面。企业如何破圈突围？通过什么样的内容和活动与用户产生更有黏性的强连接？随着元宇宙的兴起，不少品牌争先恐后涌入数字藏品市场，成效可观。

2.6.2　数字藏品为实体经济赋能

相比其他以技术算法驱动的数字营销，数字藏品的出现为用户提供了长期的趣味性和社交性，为私域运营提供了新载体。品牌可以把产品做成数字藏品，通过"实体产品＋数字藏品"联动进行品牌营销，打造营销增长的突破点。也可以采用"实体产品＋限量赠送"的形式，数字藏品通常不能单独购买，而是随用户购买指定的实体产品送出，订单达到固定金额才有机会抽取或直接获赠数字藏品，部分品牌还遵循订单金额越高、获赠数字藏品越多的规则，这种模式打通了线上与线下互动融合的边界。数字藏品既可以作为奖品激励消费者，促进产品销售，又可以嫁接社交裂变玩法，推动更多用户的参与热情。数字藏品成为企业与用户构建强关系的纽带。对于消费者而言，购买数字藏品不仅可以分享、收藏，还能享受到品牌源源不断的权益；对于企业而言，通过发行数字藏品，可以提高品牌影响力，让更多的用户带动同圈层的人获悉品牌。"数字藏品 + 实体产品 + 品牌 IP"的模式将品牌 IP、数字藏品的媒介优势转化为实体产品的卖点。

2.6.3　数字藏品+品牌私域

2022 年 2 月 28 日，江小白的数字藏品营销活动上线，推出了蓝彪彪和红蹦蹦两款虚拟形象，购买数字藏品分别附赠 40 度和 52 度的两款特别版白酒，每款数字藏品限量 1000 份，共 2000 份，开卖仅 3 分钟就宣布售罄。江小白在这场数字藏品营销活动中的销售转化率创下历史新高，超过了日常的 1.1 倍，单日销售额超过日常的 16 倍，当日访客量超过日常的 3 倍。消费者在购买数字藏品时获赠实体产品，有效提高了消费体验感和满足感，数字藏品成功激发了消费者的购买热情。

除了满足购买环节的及时获得感，数字藏品还可以渗透到售后体验环节。有的品牌赋予了数字藏品更多的实际权益，把数字藏品设计成品牌的积分系统，以提升用户活跃度，在私域流量池里通过权益、徽章、通行证、礼盒等方式深度锁定用户，推动品牌和消费者的互动，链接更多元的消费场景。

2022 年 4 月 23 日，乳业品牌三只小牛联合 ODinMETA 元宇宙平台发售首款数字藏品"睡眠自由 BOX"盲盒，获得超过百万人关注，限量 2000 份，开售 10 分钟被抢购一空。消费者可以将数字藏品兑换为一箱睡前 30 分牛奶，兑换牛奶后还可进入三只小牛私域，享受专属客服和营养师一对一私人订制科学饮奶方案的权益。以数字化内容的形式为产品带来好玩、新奇的内容场景，拉近品牌和用户间的距离，这是三只小牛首次为功能牛奶注入虚实交互创新，为消费者在饮奶自由上探索出实体牛奶 + 数字藏品 + 私域引流闭环的创新模式。对于玩家而言，持有数字藏品不仅是拥有了一份数字化的纪念品，更是拥有了通向未来数字空间的钥匙和连接现实世界的桥梁。

越来越多的品牌方通过"虚实结合 +IP 联名"的方式发行数字藏品，为业绩带来新的增长点，这是目前数字藏品发行的主流玩法，最常见的就是附赠各种线上线下权益、周边产品、较为珍稀的实体产品等。虚实结合的另一种玩法——个性化定制的模式也逐渐流行起来。

中国丝绸文创第一股——万事利联手鲸探平台向购买相关数字藏品的用户提供一键定制实体丝巾的功能，发售后仅 3 天，线上定制销量增幅达 50%。此次发行的"江南丝忆"国风系列数字藏品受到消费群体的广泛关注，不到 1 分钟，三款总量 60 000 份数字藏品便被抢购一空。用户购买数字藏品后，万事利将为其生产实体的桑蚕丝丝巾，丝巾包装卡片中将带有用户数字藏品对应的链上唯一 AC 编码。用户通过"使用"菜单中的"定制实物商品"功能可一键付费定制由万事利丝绸"西湖一号"AI 设计、生产且与数字藏品相对应的实体丝巾。将数字藏品与定制化实体产品进行绑定，万事利与鲸探的这种尝试丰富了用户的数字藏品权益，也使数字藏品以往局限于互联网个性头像、付款码皮肤、红包皮肤等的应用场景得以拓宽，为数字藏品赋能实体经济开拓了更广阔的想象空间。

数字藏品除了可以作为品牌形象的传播媒介外，又正好符合 Z 世代以圈层文化为核心链接的社交模式，满足了他们通过消费彰显个性、打造外在人设的诉求。

2.6.4　数字藏品激发品牌溢价能力

在元宇宙的概念中，数字藏品是品牌接近元宇宙的方式，也是数字资产的表现形式，同时还是具有品牌认证的现实资产，用户认可该品牌便会认可其打造的数字藏。同时，数字藏品具有数字化、透明化、唯一性与真实性等特点。在保护版权的同时，品牌可以真正实现数字化发行、交易、收藏等。

Gucci 巧妙地利用 NFT 概念打造品牌的数字藏品，赋予了其产品不可替代的属性。Gucci 携手 Snapchat 推出了 4 种风格的穿搭服务，用户可以在线试穿 Gucci 运动鞋。用户在 Snapchat 上挑选鞋子时，只需要将手机对准自己的脚，就可以看见自己试穿的效果，如果满意，可以立刻在线上完成购买。与传统电商模特试穿不同的是，Gucci 利用虚拟技术进行试穿的方式让用户有身临其境的穿搭体验感，更容易刺激用户消费。同时，这种以虚拟技术为载体的营销形式实现了品牌与用户的互动，加强了品牌与用户之间的联系，有助于为品牌谋求新的增长点。

2022 年 2 月，Gucci 与潮玩公司 Superplastic 合作，推出了具有收藏价值的 SuperGucci 系列数字藏品。奢侈品最擅长的便是通过打造品牌的唯一性与独特性激发品牌的溢价能力。

其唯一性、可收藏价值与可交易性让 Gucci 基于区块链的数字资产更为珍贵与独特，也为该品牌建立了一个有别于竞品的差异化营销方式，并通过新技术使品牌的形象焕然一新，有助于提升品牌的溢价能力。值得一提的是，Gucci 打造的玩偶形象是数字藏品中的一种。品牌想要打造自己的数字藏品，除了形象设计以外，还可以推出音乐、视频、图画、表情包、电子票证、3D 模型、游戏道具等多种多样的数字藏品。

除此之外，Gucci 还融入了游戏化的设计元素，建立了 Gucci Arcade 的复古游戏厅，在游戏中融入品牌故事、产品特点等，在用户玩游戏的同时实现品牌信息的传递，以润物细无声的方式占领用户心智。同时，在游戏中融入了排名功能，让用户可以在社交圈中分享自己的成绩，提升自己的自豪感与自信心。

Gucci 在游戏平台 Roblox 上打造的游戏则将这种营销方式又推上了新的高度：在单纯模拟现实的基础上融入了实时互动元素。2021 年 5 月，Gucci 与 Roblox 合作开发了体验游戏 *Gucci Garden Archetype*，于 5 月 17—31 日开放。真实的 Gucci Garden 位于意大利佛罗伦萨，是一个集展览、餐饮、零售等于一体的体验式场景。而这款游戏也较大程度地复制了消费者在线下获得的体验感：游戏中设计了不同的场景，将 Gucci 的产品穿插其中，有的只做展览，有的可以购买，以此推动玩家尽可能地在场景内进行探索，增强其与品牌的交互。

在年轻人追求品质生活与新奇体验的当下，Gucci 与时俱进，选择在 App 中推出了数字球鞋内容板块，用户可以在该板块看见专属于该产品的故事，在玩互动游戏的同时进行虚拟球鞋试穿等。同时，为了迎合年轻人喜欢晒体验、晒生活方式的社交习惯，Gucci 打造了需要付费的虚拟试穿功能，用户支付约 80 元人民币后，就可以拍照、录小视频等并进行分享，彰显自己的消费主张与生活习惯，同时满足用户追求新奇的心理需求。

Gucci 迎合用户的生活与消费习惯，将产品的沉浸式体验与创意性营销设计融合，通过独特的虚拟体验赢得了年轻人的心，提升了品牌的变现能力。同时，让奢侈品既有大众能够消费得起的一面，又有唯一性与尊贵感。利用 NFT 概念打造的数字藏品和营销形式变成了年轻人在全新的空间中再一次熟悉品牌的过程，其数字资产极大地提升了品牌的溢价能力，并在奢侈品品牌竞争中实现了差异化。

NFT 本质上给品牌提供了一个全新的方式进行限量款产品的投放，由此产生的社区、口碑传播会扩大到更大范围，相当于免费进行了传播、上热搜。

"6·18"期间，Burberry、Breitling、MaxMara、Coach、La Perla、Bogner、Versace 均在天猫发行了数字藏品，专门制作了图片、视频、3D 商品等数字藏品，发行量超 2000 个，绑定"6·18"主推商品近 400 种，都有不错的销售额。

从长远来看，数字藏品不仅是连接年轻用户的纽带，也是品牌营销的新工具，新玩法激活老用户，以数字藏品为媒介进一步增强用户黏性，建立私域流量池，让私域运营更有发挥空间。此外，品牌通过向用户发放数字藏品，增强用户对品牌的归属感与忠诚度，为每个用户创造稀缺和专属的内容，让用户和品牌建立更长久的连接，并深度参与到品牌运营中。对于品牌而言，数字藏品本身是 IP 的强化剂，品牌和数字藏品结合，向粉丝发行周边产品，使数字藏品成为用户展示自我的道具与社交货币。当下的数字藏品越来越像是品牌的一种标配，就好像企业现在一定要有公众号、抖音号一样。

目前，数字藏品依然处于初级阶段，数字藏品的价值更多地体现在资产确权、内容 IP 运营、品牌营销、获客引流、元宇宙社交等方面，对实体企业的赋能仍有很大的空间有待开拓。

2.7 NFT社区运营

2022年3月，加密货币企业家希纳·埃斯塔维（Sina Estavi）以290万美元买下推特创始人杰克·多尔西（Jack Dorsey）发布的首条推文NFT。一年过去了，他满怀期待地把这个NFT放到拍卖平台上，希望能拍出4800万美元以上的价格。然而直到拍卖结束，最高报价都不到290美元。巨大的市场泡沫让众多海外NFT玩家慌了神。2022年8月，国内最大的数字藏品平台之一腾讯旗下的幻核宣布停止数字藏品发行。业界普遍认为，经过一段时间的疯狂发展后，数字藏品市场开始逐渐降温。数字藏品市场到底怎么了？数字藏品未来何去何从？

物以稀为贵，喜欢稀缺性的东西是人类的本性，毕竟唯有独一无二的特性才可以彰显与众不同的气质，以获得更多人的推崇。具有稀缺性的东西通常具有价值储藏的功能，能给持有者带来安全感。在人类几千年历史中，从艺术收藏品到黄金，再到比特币，在这一点上从未变过。

NFT不仅具有独一无二的稀缺性，还有可能增值。对于球迷来说，拥有一张乔丹或詹姆斯的精彩瞬间的海报，远远比拥有一个几十万元的包更有成就感。在不同的社区群体中，人们对独特性有不同的定义。

NFT即非同质化代币，也称非同质化通证，国内又称数字藏品，是数字世界中独一无二的资产，可以被买卖流通。NFT 等同于数字资产，其本质和画作、艺术品、声音、影片、游戏中的项目或其他形式的创意作品一样。万物皆可 NFT，音乐、图片甚至诗词只要上链就能变成一个 NFT。

NFT 的价值取决于玩家共识。共识离不开社群运营，那些交易量活跃的 NFT 背后往往有一个体量较大且信奉同一种文化的社区。NFT 之所以会受到大量用户的追捧，是因为其具有稀缺性，这来自 NFT 背后的社区，收藏者、使用者、崇拜者赋予了 NFT 价值。NFT 通常以系列 IP 的形式发布，其孵化离不开流量的加持，无论是私域运营还是公域运营都至关重要。并不是外界理解的上传一张图片就可以溢价发行那么简单。

2.7.1　从无聊猿看NFT社区运营

无聊猿诞生于 2021 年 4 月，是 NFT 头像项目之一，共有一万张形态各异的头像。2021 年 4 月 30 日，这些头像以单价 0.08 以太币（当时约合 1449 元人民币）出售，一周内即售罄。通常一个用户购买了 NFT 后，就只是拥有这个 NFT，而不能对这个 NFT 进行二次创作或将其商业化，而无聊猿却反其道行之。无聊猿之所以能成为最受欢迎的 NFT，是因为它率先对 NFT 持有者开放版权——买家不仅拥有了一份虚拟资产，而且可以对它进行二次创作和商业化运营。

2022 年 4 月，李宁公司在 NFT 交易平台 OpenSea 购买无聊猿数字藏品的价格为 120 以太币（当时约合 243 万元人民币），随后李宁公司官宣与 4102 号无聊猿的联名活动，随后将无聊猿带进了北京三里屯的快闪店。中国李宁无聊猿潮流运动俱乐部还将无聊猿与飞盘、摩托等潮流运动元素结合，推出 T 恤、帽子等印有无聊猿头像的产品系列。

NFT 发行方通过策划、运营和宣传，从用户心智层面建立对 NFT 的价值认知与共识，使得 NFT 具有广阔的想象空间。

任何一个 NFT 项目成功的关键都是围绕 NFT 建立的用户社区。社区的定义是一群有共同特点的人或在某些方面相似的人。NFT 从某种意义上说是一种数字身份和社交货币，它可以让来自不同的背景和地方的人基于共同目标成为志同道合的同类，例如 Facebook 群组、Discord 和 Telegram 频道等。

对于 NFT 而言，需要为社区设计愿景目标和运营计划，其中包括项目简介、愿景、理念、价值观、世界观、故事背景、品牌、权益、媒体报道等。一个优质的 NFT 项目从最基础的创作灵感、IP 塑造到后续推广、媒体合作、社区运营都需要投入相当大的人力和资本，平台背书、大咖站台更是赢得市场信心和获得高溢价的关键。

2.7.2 NFT社区运营三大核心要素：内容、活动、用户

NFT 项目的成功保障分为前期发行和后期运营两个阶段，从重要性和投入来说，NFT 前期发行占 20%，NFT 后期运营占 80%。NFT 运营的重要方向是共识加稀缺，共识解决信任，稀缺解决物超所值。

一般来说，用户加入社区的目的有 3 个：交流、获得知识和深层需求，由此可推出社区运营的三大核心要素：内容、活动和用户。

1. 内容运营

高质量的原创内容是好社区的标配。用户逛社区的目的是浏览内容，内容不仅可以增进用户之间的互动，还可以帮助社区扩散影响力，吸引新玩家加入。社区内容的丰富度、用户兴趣的相关度是决定社区可逛性、用户活跃度和留存率的重要因素，因此要对社区内容进行话题策划，并持续通过文字、图片、视频和直播分享 NFT 的背景故事，在微信群分享元宇宙行业研究报告、行业动态，采访元宇宙或 NFT 领域的意见领袖，分享 NFT 前沿黑科技。社区用户可以基于共同的兴趣爱好进行表情包、漫画等内容的创作，甚至把原创的内容设计成 T 恤、背包、盲盒等实体周边产品。

2. 活动运营

社区活动分为线上和线下。线上活动是针对节日、产品、内容组织的容易引发共鸣的庆典型活动；线下活动的目标是塑造公司

IP，赋能超级玩家，进而展示公司实力。有时候也可以让用户自发组织活动，公司给用户相应的资源支持，类似小米当年的同城会，扶持大V，同时产生了一波强曝光。

持续性、主题明确、多样化的社区活动是维护社区用户活跃度和提升社区玩家留存率的有效手段。活动运营需要统筹活动目的、活动对象、活动主题、活动形式（包括玩法和奖励）、活动推广等要素。

3. 用户运营

用户运营包括用户分层管理和用户激励体系。根据用户在社区的表现评估用户潜质，通过等级体系、积分体系、任务系统、勋章系统提高用户活跃度，增加黏性，提升用户忠诚度。

持续增长、高活跃度和高留存率的用户群是优质社区的灵魂。社区运营的核心工作就是围绕社区用户需求和贡献，激励用户为社区代言，类似百度贴吧版主。

社区运营的关键是如何调动用户的积极性和创造性。对于社区而言，种子用户很重要，通常种子用户来自员工朋友圈、定向邀请用户、社区早期自然用户。这个群体会在早期协助社区完成文化定调以及社区文化氛围维护、数字藏品的推广，包括官方各种活动的积极参与。无论是豆瓣还是知乎，可以说种子用户几乎决定了社区未来发展的基因和方向。每一个社区往往有一种特质——圈子成员有强烈、鲜明的个性，用户有极强的认同感、归属感。

日本社区设计界第一人山崎亮在《社区设计》中提到，设计一个社区，不是设计只让 100 万人来访 1 次的岛屿，而是规划能让 1 万人重访 100 次的岛屿。好的社区，就是要让那些定义它的人愿意一直重访、共同治理，成为他们的精神家园、理想国。

2.8　NFT营销如何为品牌破圈增长赋能

当下内卷之风席卷了各行各业，营销领域也不例外。品牌如何摆脱内卷焦虑呢？

2.8.1　是内卷还是破圈

在一个小镇上，有三个卖煎饼果子的摊贩老板。第一个老板挂了一块招牌，写着"全国最好吃的煎饼果子"；第二个老板跟着也挂出招牌，写上"全世界最好吃的煎饼果子"；第三个老板一看，卖个煎饼果子都这么卷，也不甘示弱，便在自己的招牌上写上几个大字："小镇最好吃的煎饼果子"！

可以想象，即便他们争得头破血流，小镇上的客户也不会因此变多。于是他们不断把精力耗在你争我抢上，对煎饼果子的品质和口味根本无暇顾及。长此以往，最后顾客可能都转去吃肉夹馍了，煎饼果子摊也随之倒闭。

这就是营销内卷。内卷在一定程度上说是一种同质化、低水平的竞争，聚焦在战术层面的摩拳擦掌，导致相关品牌的营销成本越来越高，竞争压力越来越大，获客越来越难，马太效应越来越显著。这不仅让品牌方逐步失去话语权，利润空间被挤压，工作变得更多，更糟糕的是市场并没有因此而变大。所以，比起拼死拼活赚薄利，倒不如退出这场无意义的游戏，从一个新的角度出发，另辟蹊径。

品牌如何摆脱内卷焦虑呢？何以解忧，唯有破圈。目前来看，能否抓住 2.64 亿 Z 世代人群，关乎大多数企业的生死存亡，Z 世代占总人口的 19%，却贡献了超过 40% 的整体消费。据腾讯广告发布的《Z 世代消费力白皮书》显示，Z 世代的三大消费观是"为社交、为人设、为悦己"。

如图 2.1 所示，这些年 Z 世代带火的圈层，如潮玩圈、国潮圈、模玩圈、硬核科技圈等，无不透着浓浓的个性和趣味性。细分的垂直圈层让 Z 世代有了更强的归属感，传达了他们活跃的社交需求。

图 2.1　Z 世代三大消费动机对品牌的启示

（资料来源：腾讯广告《Z 世代消费力白皮书》）

2.8.2　NFT营销成为破圈利器

2022 年以来，数字藏品交易热度不减，从最初的绘画、音乐作品到一双鞋、一张门票，从流行潮牌到非遗文化，从互联网到餐饮界……数字藏品覆盖范围不断延伸，"万物皆可 NFT"逐渐演变成"万物皆可数字藏品"。

从艺术家 Beeple 一幅数字作品以 6900 万美元成交，到一个 CryptoPunk 数字头像卖出 747.5 万美元，再到 Loot 几行 TXT 文本价值 84 万美元，数字藏品几乎让加密数字圈的人疯狂。随着数字藏品持续升温，在国内市场，腾讯、阿里、网易、B 站、小红书等平台陆续从技术、IP、内容等层面参与其中；从央视、新华社到中国航天、山东舰，从文博、非遗到诸多消费潮流品牌，相继推出数字藏品。

数字藏品是指使用区块链技术对作品（藏品）生成具有唯一性、真实性、可追溯性且不可篡改的数字资产化的数字凭证。图片、视频、音乐、艺术品等都可以被铸造成数字藏品。用户对数字藏品有收藏、观赏与展示的需求。

作为 2015 年创立的新品牌，奈雪的茶以喜欢尝鲜的年轻人为目标客群，积累了大量忠实客户。但是，随着现制茶饮赛道新品牌不断涌现，对于年轻客户群注意力的争夺日益激烈，品牌急需更多营销创意来拉新和留存。为了让用户产生眼前一亮的新鲜感和差异化，摆脱营销上的行业内卷，奈雪的茶选择了元宇宙作为营销创意点，以12月"生日季"这个年度最大的会员营销节点落地执行。在策略层面，奈雪的茶选择了更加多样化的元素：同时结合虚拟人+数字藏品。一方面打造出品牌自有虚拟人IP——NAYUKI，作为一个社交符号与用户产生更多情感连接，另一方面将IP的虚拟周边作为数字藏品发售，营造专属感和稀缺感。

对于Z世代而言，数字化、信息化可以说已烙刻在他们的DNA中，他们期望品牌能够在提供实体产品的同时提供数字产品。

以奈雪的茶元宇宙品牌营销为例，一起来看看它是怎么扛起新茶饮元宇宙时代的大旗，怎么做到近2亿元的成交额。

第一步，发布元宇宙品牌大使NAYUKI。

这是一个虚拟卡通形象的品牌大使，可以理解为奈雪的茶的品牌吉祥物或者卡通形象代言人。奈雪的茶通过视频号发布概念视频，正式宣布虚拟品牌大使。在官微，奈雪的茶直接打出#奶茶届进军元宇宙#这一tag，宣布NAYUKI成为第一人，率先进入新茶饮元宇宙时代。在推出形象大使的同时，同步推出实物潮玩盲盒，同时把实物进行NFT化，配套发售线上数字藏品。NAYUKI实物潮玩高约28厘米，售价699元，首发限量1000套，购买可随机获赠面值100～1000元的奈雪的茶限定心意卡，配套发售数字藏品共7款，全球限量发行300份。数字藏品采用盲盒形式发售，不制作

实物。

第二步，借助电商直播形式进行品牌营销推广。

在直播中，推出"会员储值卡充 100 元得 150 元"的福利活动。助力品牌 72 小时斩获 GMV（Gross Merchandise Volume，商品交易总额）近 2 亿元，相当于奈雪的茶全国门店近一周的销售成绩。

奈雪的茶使用了"品牌形象大使 + 数字藏品 + 直播带货"元宇宙营销组合拳，集当下热点、IP 营销与储值返券营销于一体，充分调动了消费者的购买欲。

奈雪的茶借助元宇宙概念推出虚拟形象，符合潮流，为了进一步筑牢品牌影响力，借助虚拟 IP 的发布，更好地书写品牌故事，为品牌增加新的记忆点。相比卡通标识，人的形象让消费者有更强烈的情感连接，更容易提升消费者对品牌的忠诚度。要让消费者信任并且产生共鸣，就需要讲一个故事，找一个增量的点。NAYUKI 是奈雪的茶的新故事，包括潮玩等在内的周边产品未来都可嫁接到这个 IP 上。如果一个品牌有更多故事可讲，就等于有更多产品可以卖。

在定位理论中，抢占消费者心智非常关键。奈雪的茶在新茶饮中第一家上市，第一个抢先发行数字藏品，第一个发行潮品盲盒。多个"第一"很容易占据消费者心中第一的位置，给消费者塑造一种先锋潮流的品牌印象，从而带动跟风消费。IP 的核心是符号。把干瘪的品牌标识转化为品牌虚拟 IP 形象，是一种和消费者沟通更有效的方式。紧跟元宇宙潮流，运用潮玩的形式迎合 Z 世代消费者的消费心理。

谁拥有数字藏品，谁就获得炫耀资本。好的传播就是要鼓励消费者帮助品牌进行传播。数字藏品对于消费品牌来说就是社交货币，也是对消费者忠诚度的奖赏，其愉悦感和获得隐藏的盲盒与观赏电影彩蛋没有区别。

无论奈雪的茶最后是否进军元宇宙，奈雪的茶依然是卖茶的。品牌通过元宇宙概念激活老消费者、吸引新消费者互动起来才是关键。

短期来看，品牌结合数字藏品，容易创造话题，提升知名度，用新玩法激活原有的用户；长期来看，数字藏品在设计之初就带有品牌特色，以数字藏品为媒介进一步增强用户黏性，建立私域流量池。

2.8.3　NFT的终极发展方向——IP运营

营销的核心永远是沟通与共鸣。沟通什么？靠什么产生共鸣？以上两个问题的答案无一例外都指向 IP。IP 的本质是社交货币。它让人们在共同的话题下产生连接协作、身份认同和归属感。IP 就是共识的载体，NFT 的终极发展方向是 IP，只有成为 IP 才可以凝聚和统一一群人的认知，承载人们赋予品牌的无限的精神意义。

企业为什么要发行 NFT？不是简单地蹭热度发个图片。品牌通过向用户发放数字藏品，增强用户对品牌的归属感与忠诚度，为每个用户创造稀缺和专属内容，与用户建立持续连接，促使用户深度参与到品牌运营中。品牌在与用户的互动中，给予用户专属感、稀缺性和某些兑换权益，使数字藏品成为用户展示自我的载体与社交货币。

2.8.4　品牌如何利用NFT玩转数字营销

数字藏品的横空出世，不仅使粉丝经济突破时空的束缚，而且其成熟的玩法让粉丝与 IP 之间的互动变得更多元。数字藏品作为品牌对外沟通的媒介，与粉丝拥有共同语言，释放了粉丝的参与热情，满足了粉丝更多的精神需求，传递了品牌精神和品牌理念。

数字藏品作为一种基于区块链技术的产品，不同于虚拟的品牌形象，而是看得见、摸得着的品牌数字资产，对品牌沉淀和利用数字资产开展营销非常有效。

1. 通过 NFT 与实物产品进行联动，形成矩阵及溢价

法国奢侈品牌巴黎世家和《堡垒之夜》合作，通过深入挖掘巴黎世家经典作品，针对粉丝最喜欢的 4 个游戏角色打造了 4 套 NFT

时装，以展现品牌标志性的外观和质感。新的虚拟套装不仅展现了品牌的形象，还为品牌创造了新的收入来源。同时，在现实世界推出限量版实体服装系列，将联名效应从虚拟世界导流回现实世界，形成了消费闭环。

2. 提升用户参与感，激活私域流量

当前各大品牌的私域流量运营最大的痛点就是由品牌方主导，用户的参与感不足。而元宇宙的本质是去中心化，这意味着个体将掌握更多的灵活性与主动权。

品牌借用 NFT 不仅可以激活私域流量，而且可以延伸出更多供玩家互动的内容话题和互动形式，从而增进玩家社区的黏性和归属感。

2021 年 12 月，啤酒品牌百威发布了近 2000 个酒瓶 NFT。据报道，百威为该系列 NFT 的拥有者追加了其他福利，并以此构建了一个忠实消费者的社区，类似于会员社区。

3. 粉丝激励，筛选超级用户

NFT 可以作为会员专属的奖励，为消费者带来更多附加价值，例如仅限会员的独家产品、活动中的 VIP 访问权限、限定产品的优先购买权等。

例如，洋河酒厂推出首款数字藏品梦之蓝手工班。持有该数字

藏品的用户可以享受梦之蓝的会员福利，例如指定商城的大额满减券、免费生日酒、洋河基地游等。

奥迪以新奥迪 A8L 60 TFSIe 为灵感推出 NFT 作品幻想高速，前 100 位车主可随机抽取幻想高速系列 NFT。

4. 用户共创，激活 UGC

对于品牌来说，了解消费者的需求是产品研发和市场营销的关键要素。NFT 营销可以带给消费者更多的创造空间，通过用户共创的方式激活 UGC（User Generated Content，用户生成内容），极大地提升了消费者的参与感。当消费者参与到产品或品牌的建设中，品牌忠诚度也将大幅提升。

目前，一个品牌想要涉足元宇宙，最现实、最容易、最有效的方式就是从 NFT 着手，将品牌与自身产品、吉祥物、虚拟人物、标识等与品牌形象强关联的元素结合，以数字藏品的形式包装、发布、运营。

总的来说，NFT 营销至少有以下 6 个应用场景：

（1）向超级用户提供专属礼品、卡券、会员权益，增强用户与品牌的黏性。

（2）NFT 可以成为用户展示的社交货币，如头像、表情包等。

（3）通过 NFT 作品与实物产品进行联动，形成矩阵及溢价。

（4）与头部 NFT 项目进行跨界营销，相当于 IP 借势。

（5）通过 NFT 的发行测试收集用户反馈，反哺产品研发体系。

（6）通过 NFT 奖励用户贡献，形成 NFT 积分制下的社区创作经济模式。

如今众多传统品牌纷纷试水 NFT 营销，是互联网下一代浪潮变迁的大势使然。NFT 被公认为打开元宇宙的钥匙或通证。遗憾的是很多品牌试水 NFT 营销仍旧是沿用媒体公关噱头炒作思路，而非从 IP 的角度理解 NFT。不过 NFT 至少在帮助品牌年轻化、连接用户情感、品牌 IP 或资产数字化等方面存在价值，也是品牌在元宇宙领先同行不可多得的机会。当然 NFT 的发行仅仅是开始，后续 IP 的塑造，IP 背后的价值观、文化、故事的延续，基于 NFT 玩家社区的运营，以及数字藏品的应用场景、二次创作等等，都关系到 NFT 的商业价值，这也是最近很多头部 NFT 频频大幅跳水的根本原因。

2.9 案例

2.9.1 无聊猿崛起的密码

无聊猿于 2021 年 4 月 23 日开始发售，起初售价为 0.08 以太币，仅约 190 美元。2021 年 5 月 1 日，无聊猿受到知名收藏家 Pranksy 的关注，并宣布自己购买了 250 多只无聊猿。自此，无聊猿受到极大的关注，销量、交易量直线起飞，仅 117 分钟，一万只无聊猿全部售出。凭借其独特且时髦的样式，无聊猿迅速成为爆款，不少娱乐界或体育界名人购买并持有该系列的 NFT，NBA 冠军斯蒂芬·库里以约 180 000 美元的价格将无聊猿收入囊中。

1. 无聊猿与实体品牌的双向奔赴

虽然公众对于无聊猿的第一印象是明星换头像，但实际上它影响了整个 NFT 生态的创新——IP 商业授权。基于此，大量的无聊猿持有者基于无聊猿 IP 开发了近 80 个衍生品牌，包含时尚品牌、音乐、潮玩、食品、饮料、滑板、篮球、俱乐部、播客、游戏等。

餐馆老板 Andy Nguyen 花了近 38.7 万美元购买了一只无聊猿和两只突变猿，用来装饰店内的汉堡盒、油炸架和饮料杯，开了世界第一家无聊猿主题餐厅——Bored & Hungry。原本打算只是做几个月的快闪店，可是因为经营火爆，竟然变成了一个长期营业的店铺。洛杉矶的一家工作室 Kley 的员工酷爱咖啡，刚好有员工持有无聊猿的 NFT，于是他们创建了"无聊早餐俱乐部"，借力无聊猿 IP 向粉丝开展会员制咖啡服务。他们发售了 5000 份无聊猿角色的早餐场景 NFT，购买这款 NFT 的消费者自动获得会员资格。普通消费者可以在官网下单购买咖啡豆及周边产品，但仅这款 NFT 持有者可以定期收到寄送的咖啡豆和购买特别定制款咖啡产品。

运动服饰品牌以拥抱潮流为荣，让年轻人觉得炫酷、时尚。2022 年 4 月 21 日，中国李宁公司于 4 月 23 日至 5 月 4 日在北京三里屯店举办以"无聊不无聊"为主题的快闪活动。2022 年 4 月 28 日，编号为 4102 的无聊猿正式以巨型像素化雕塑的形式空降李宁北京三里屯店，并结合飞盘、滑板等潮流运动元素，让潮流与现实相结合，将此次限时快闪活动推向高潮。

产品可以 NFT 化：反过来，有价值的 NFT 数字藏品同样可以在现实世界产品化。以李宁公司为例，其与无聊猿合作打造的主理人 NFT 穿着李宁品牌经典 ARCHIVE "VICTOR 001" 领奖服，手捧李宁品牌经典款鞋，不仅为李宁品牌塑造了一个非常酷的数字化形象，而且多种造型的猿主理图案被印在李宁品牌的 T 恤上，线下营销活动也吸引了诸多年轻人参与。李宁公司与无聊猿的营销跨界将 NFT 与产品深度结合，让无聊猿能够真正与产品销售统一起来，而不是止步于数字藏品的发布。由于无聊猿对持有者开放 IP 版权，李宁公司可以持续利用它做任何法律允许的事情，例如生产、销售带有无聊猿头像的服装、鞋帽，或者举办线下营销活动，甚至拍摄广告宣传片，通过种种方式聚拢人气。李宁公司此举打开了 NFT 营销更大的想象空间。

阿迪达斯以无聊猿形象为基础创造了一个名为 Indigo Herz 的新角色；环球音乐集团则让 5537 号无聊猿成立了一支名为 Kingship 的虚拟乐队，开演唱会，玩街头艺术，还开了一家无聊猿主题餐厅；新锐低度潮饮品牌酒次元让 6686 号无聊猿成为其"无聊猿微醺俱乐部"合伙人。

很多品牌都看中了无聊猿的营销和传播价值。主打智能健康硬件的倍轻松买下编号为 1365 的无聊猿，计划推出"无聊猿健康俱乐部"。中国房地产企业绿地集团已正式购入 8302 号无聊猿，并将其作为数字化战略的 NFT 形象。绿地集团表示，将把无聊猿的 NFT 形象分享给绿地集团的支持者，让大家都能够通过绿地 G-World 拥有自己的第一份 NFT，同时也见证绿地金创和绿地集团数字化进程的启动。

IP 权限的开放，让品牌与无聊猿的合作有了无限的可能，也让 NFT 的价值不限于虚拟世界，与现实世界有了更多互动的可能。目前无聊猿的母公司 Yuga Labs 的估值已达 40 亿美元。2022 年 3 月，Yuga Labs 完成了 4.5 亿美元的新一轮融资，无聊猿的地板价高达 42 万美元。

2. 无聊猿成功背后的商业运营

无聊猿火爆的原因有很多。首先是名人效应的加持，拥有无聊猿是获得一种身份和进入一个圈层的象征。大量以明星为代表的拥有者扩大了传播范围，拥有无聊猿就像打开了一个全新的社交场景。其次，无聊猿持有人借助社区形成各种互动、合作，开发出越来越多的玩法，把各自的粉丝和私域流量重新聚集，然后发生裂变。NFT的核心是共识，形成一个共识最好的方式就是通过投资成为项目的利益相关者。玩家们真金白银地投入很多钱买了无聊猿，由此建立了关于无聊猿的社区共识，就像房产的业主群、汽车的车友会一样，这些都是实实在在的消费，通过消费又进一步强化了用户对NFT的认知与链接。

无聊猿的独特之处在于打造了自己的商业授权方式，把IP的商业使用权和销售权转让给持有者，持有者可以对自己拥有的无聊猿进行再设计和再创造，根据自己的需求使用、转售这些无聊猿。按照NFT的流通特性，通常来说，创作者拥有项目的版权，在每一次交易中，创作者都可以获得一定比例的版税收益。无聊猿的每一次流转都要按照售价2.5%的比例给Yuga Labs分成。例如，如果李宁公司想推出无聊猿系列服饰，就需要先向上一位持有人购买一个无聊猿，然后，李宁公司就有权对这个无聊猿形象做二次设计，融入品牌标识，应用在自己的各类产品上，后续也可以再卖给别人。

Yuga Labs有动力推动这些NFT在二级市场流转，鼓励持有者多次使用、出售无聊猿。在持有者群体中，很多明星或者品牌方有足够的知名度，自带流量，借助他们的力量让无聊猿跨界、出圈，可以持续炒热IP，甚至实现病毒式传播，创造更多的需求和认同，进而不断升值。

这是双方都希望看到的结果。只要无聊猿不断流通，Yuga Labs 就有版税收入。无聊猿售卖的次数越多，价格越高，Yuga Labs 从中赚得越多。同时，持有人也希望无聊猿持续升值，自己在收获一波营销热度和产品收入之后，还可以在后续的无聊猿转售中再赚一笔提成。从这个意义上说，版权归谁并不重要，流通次数和升值空间决定了各个环节参与方的收益。

根据区块链分析平台 Nansen 在 2022 年 5 月 11 日发布的研究报告，无聊猿系列的二次销售额已经累积超过 60 万比特币，按照 2.5% 的比例分成，Yuga Labs 至少已经获得了 1.5 万比特币的版税收入，超过 3000 万美元。

NFT 本质上卖的是叙事，卖的是剧本。无聊猿之所以能够成为头部 NFT，最核心的是超强的商务运营能力，不断开发出新项目，以丰富自己的故事和世界观。

无聊猿项目方为买家提供了丰富的社区运营活动，使持有无聊猿 NFT 更像是加入了一个俱乐部。有用户评论："无聊猿就像大学时期的俱乐部，人们会相互联系，大家会把社交网络的头像设置为猿猴，并且会互相关注。"Yuga Labs 推出了多种运营范式，例如购买 The Sandbox 中的一块土地并在其上建立虚拟俱乐部，仅持有无聊猿的人可参加；向每个用户的钱包空投一件虚拟的可穿戴连帽衫，可以在参加 Decentraland 上举办的虚拟聚会时穿上，以快速识别他们在元宇宙中的同类。Yuga Labs 向无聊猿持有者授予了其所购买的 NFT 的完整商业使用权（多数 NFT 项目不授权），许多无聊猿持有者发行了鞋帽 T 恤等周边产品，使得无聊猿逐渐演变成了一个潮牌。

无聊猿为 NFT 提供了一个 IP 商业化的路径，以推动 IP 的成长，具体包括以下 3 个步骤：

第一，建立俱乐部，销售 NFT 数字藏品，获取会员和收入。目前加入"无聊猿游艇俱乐部"的人非富即贵，包括 NBA 球星库里、足球巨星内马尔、达拉斯小牛队老板库班等，华人明星包括周杰伦、余文乐、林俊杰等。

第二，基于俱乐部发行社区代币，并向会员空投，在二级市场公开流通。聪明的猴子在 2022 年 3 月 17 日推出了 ApeCoin 作为社区代币，并向无聊猿 NFT 持有者空投。紧接着《时代》杂志宣布接受 ApeCoin 为订阅费支付方式。随后多家交易平台纷纷上市该代币，并公开流通。

第三，给资产创建流通场景，让共识落地。2022 年 3 月 19 日，Yuga Labs 在社交媒体上公布了新项目 Otherside 的宣传视频，为玩家提供多重元宇宙体验。

数字 IP 的魅力就在于它以价值观为驱动，激发社区想象力，创造出无限的"场"，包括但不限于影视、游戏、衍生品、社交应

用等，并附着在三维交互层上。而每一个"场"的出现都会触发
NFT 的稀缺属性，由此带来高潮迭起的财富效应，这个效应反过来
继续推动"场"的叠加，元宇宙双螺旋就此形成。IP 既是虚拟与现
实交互的纽带，也能通过自身承载的内容、情感和价值认同解决用
户拉新、留存与生态建设问题。

显然，基于 Web 3.0 的元宇宙创业逻辑与 Web 2.0 时代有天
壤之别。以前的创业逻辑是基于价值需求形成产品供给，通过比拼
成本和效率获利；而元宇宙的创业逻辑是基于价值观需求形成文化
供给，通过资产互动和场景叠加获利。

从虚拟头像到实体商业，代表潮流文化的无聊猿已经彻底冲出
NFT 界，实现了超级 IP 的崛起。

2.9.2 NFT助力耐克持续引领潮流

根据 Dune Analytics 最新数据显示，在所有以太坊上发行
NFT 的品牌中，耐克以 1.8527 亿美元的总收入排名第一，之后依
次是杜嘉班纳（2565 万美元）、蒂芙尼（1262 万美元）、古驰（1156
万美元）、阿迪达斯（1095 万美元）、百威（588 万美元）、《时代》
杂志（460 万美元）。耐克成为首个从元宇宙获利的传统品牌，它
从其 NFT 的首次销售中获得了 9310 万美元的收入，其余的 9217
万美元来自特许权使用费。

2022年4月，耐克公司推出了首个虚拟运动鞋系列Cryptokicks。耐克公司共发行了20 000双虚拟鞋，买真鞋就送虚拟，而且送皮肤配件，共9款皮肤。其中一款皮肤最稀有，由画过《哆啦A梦》的村上隆亲自设计。它也是最贵的皮肤，有人获得这款皮肤后直接转手卖了185万元人民币。

2022年7月末，耐克公司上架了一款名为Nike AR Hoodie的NFT卫衣，官方售价为0.2以太币（当时折合约1900元人民币），共发售8888件。该NFT卫衣上架后2小时就售罄，耐克公司轻松入账1672万元。

2020年2月，一张埃隆·马斯克穿着CyberTruck风格的球鞋出席活动的照片在网上疯传，不少人因为这双极具科幻风格的球鞋而惊叹。事实上这双名为Cybersneaker的"球鞋"并非一双实体球鞋，而是由RTFKT公司通过PS方法合成到马斯克脚上的。RTFKT将这双NFT球鞋在NFT交易平台上以30以太币的价格拍卖。当竞拍者们意识到这双鞋是NFT之后，竞价一度达到65以太币。

除了这类疯狂的艺术品营销之外，RTFKT公司还让每一次投放都能给收藏者带来独特的体验。例如，RTFKT公司与FEWOCiOUS公司合作推出的NFT运动鞋让收藏者有机会获得实体鞋。每个开放版的NFT都有一双对应的实体运动鞋，NFT持有者在投放后6周内持续拥有NFT，就有资格兑换实体运动鞋。2021年12月，RTFKT公司被耐克公司收购，标志着耐克公司开

始亲自上场卖"假鞋"了。

据悉，耐克公司在收购元宇宙潮牌 RTFKT 后，推出了 Dunk NFT，又开始推出虚拟衣服，发布了 RTFKT x Nike AR Genesis 卫衣。虚拟人物 Clone X 和创作者可以通过独特的穿戴设备进行自定义搭配，在配备 NFC 芯片后还能实现卫衣和数字资产之间的无线通信。上述产品上架后迅速售罄。

此外，耐克公司在 Roblox 上打造的 Nikeland 是耐克公司与用户交流的场所，用户使用持有的货币可以在 Roblox 上买到并穿上在现实世界销售的服装。Roblox 的用户大多是跟耐克公司没有交集的青少年群体。在 Nikeland 中，玩家可以在耐克公司商品中打扮自己的化身并玩游戏。

耐克公司与 RTFKT 公司联手打造的下一款 NFT——RTFKT x Nike AR Genesis Hoodie 是一款有着双方品牌标识以及神秘二维码标识的黑色连帽衫。尽管目前该 NFT 还是基于 Clone X 中的角色上身，但 RTFKT 公司的创始人之一 Benoit Pagotto 表示："这款连帽衫是我们思考现实生活中服装的一种全新方式。"RTFKT 公司确认这款连帽衫将成为与真实世界的连接，有可能在现实中推出相关的服装单品。

NFT 作为一种基于区块链技术的产品，不同于虚拟的品牌形象，而是看得见、摸得着的品牌数字资产，为品牌沉淀用户和利用数字资产开展营销提供了新渠道。

1. 耐克 NFT 的三点启示

过去很多加密项目在市场周期的震荡中几乎荡然无存，没有哪个品牌能够在一个全是投机者的市场中全身而退。这提醒人们要意识到品牌消费者才是品牌真正的核心用户，品牌方需要构建的共创逻辑是让用户参与到品牌运营发展中的共创，而不是价格维护的共创。NFT 与市值不代表品牌，品牌的核心价值是消费者对品牌的情感依赖。品牌方真正要服务的是自己的客户群体，而不是投机的炒家。后者都是带来虚假繁荣的有毒玩家，对品牌没任何贡献可言。

第一点启示是：不能只是图片 NFT 的投机营销，要有客户留存，以实现品牌共创。

耐克 NFT 的成功在于利用 Web 3.0 留住了用户并实现了品牌共创。为了在 NFT 领域打造具有独特分量的品牌 IP，耐克公司花重金收购 NFT 设计团队 RTKAF，并邀请艺术家村上隆亲自操刀进行皮肤设计。Clone X 是耐克品牌最成功的系列之一，产生了 4000万美元的版税。Clone X 是由虚拟球鞋与时尚品牌 RTFKT 以及日本艺术家村上隆联手推出的 NFT 数字分身项目。Clone X 持有者可以将其持有的 NFT 使用在 AR 滤镜、Zoom 视讯会议、游戏等场景中。Clone X 也是为数不多的创造全新角色作为数字分身的品牌系列之一，而其他品牌则依靠其现有的知识产权或完全避免使用角色。耐克公司和 RTFKT 公司的 Clone X NFT 系列由 20 000 个称为"克隆"的 3D 化身 NFT 组成。RTFKT x Nike Dunk Genesis Cryptokicks 消费者可以购买"皮肤药瓶"以更改他们购买的各类鞋子的颜色，包括经典的耐克运动鞋 Swoosh、Tongue、Heel 系列。消费者可以通过想象完成定制。耐克公司允许第三方创作者自由购买"皮肤药瓶"，随意给耐克运动鞋变颜色，最后还有机会获取耐克实体自定制鞋，甚至有可能让自己设计的鞋上市。

耐克公司的 Clone X 系列完整地讲述了一个非常温暖感人的故事。20 000 个 Clone X NFT 化身分为 8 种亚型，即"DNA 类型"。大约一半的 Clone X NFT 被归类为人，3/10 为机器人，天使、恶魔、爬行动物和不死生物占据了剩余总量的 1/5。在 Human Clone X DNA 类型中，一小部分人具有白癜风特征——与迈克尔·杰克逊在 20 世纪 80 年代患有的皮肤病相同。然而，与这位已故的流行音乐之王不同，带有白癜风皮肤的 Human Clone X NFT 会自豪地佩戴它们——对于这些 Clone X 持有者来说，这是一种精神层面的张扬。而剩下两种 DNA 类型极为稀有。为了纪念与传奇艺术家村上隆的合作，Clone X 定义了一种 DNA 亚型——村上克隆。这种克隆 NFT 仅占当前流通的所有克隆 NFT 的 0.5%。4594 号村上克隆于 2021 年年底在 OpenSea 上以 450 以太币的价格售出，目前价值近 60 万美元。尽管如此，村上克隆只是该系列中第二稀有的 DNA 亚型。最稀有的是外星人 DNA 亚型。只有 0.15% 的流通克隆 NFT 拥有这种 DNA 亚型，最昂贵的外星克隆 NFT 在 2021 年 12 月以 88.88 以太币的价格售出。

这些举措让耐克 NFT 持有者愿意长期持有 NFT。用户愿意长期相信品牌的价值，他们相信自己作为品牌共创者的价值，在品牌共创中有深度参与感，沉浸式地参与了从改变运动鞋外观到看到实体运动鞋落地的全过程。

与耐克 NFT 形成鲜明对照的是，可口可乐 NFT 的第一个系列是图片 NFT 炒作驱动的，尽管卖得很好，但由于没有足够的实用性，也没有建立用户对品牌的忠诚度，社区很快对这个 NFT 失去了兴趣。

第二点启示是保持 NFT 实用性及神秘感。

在耐克 NFT 营销中，所有 Clone X 持有者都可以获得一个由 Cyber 虚拟空间平台空投的 Space Pod NFT，在这个太空舱中持有者可以展示自己所拥有的 NFT。项目方还为 Clone X 持有者空投了一个神秘箱子——MNLTH。箱子上标有耐克的品牌标识，可以说这是耐克首个挂名的 NFT 项目。关于这个神秘箱子里面究竟是什么，引起了多方猜测和关注。MNLTH 在 OpenSea 上的价格一度涨到了 9 以太币以上。

MNLTH 中有 3 个虚拟物品：RTFKT X Nike Dunk Genesis Cryptokicks 虚拟鞋 NFT、随机的 SKIN VIAL: EVO X 药水以及第二代 RTFKT X Nike MONOLITH 箱子。这些箱子甚至能通过组合再合成新的箱子，给用户带来实用性及无限的神秘感。Clone X 的神秘性吸引了很多 NFT 新玩家。

少了实用性及神秘性的品牌 NFT 营销很容易失败，雪佛兰就是其中一个例子。雪佛兰决定不再生产同色系的 2023 款 Corvette Z06。这意味着持有这款 NFT 的藏家将拥有一辆全世界独一无二的雪佛兰跑车，其拍卖的初始价格自然不菲，超过 200 以太币。但是，因为这款 NFT 除了跑车之外没有其他实用性，而且价格昂贵，所以无人问津。

第三个启示是使社区成为品牌营销放大器。

在 Web 3.0 中建立和维持社区将要求品牌重新思考与消费者的关系。品牌需要从舞台上走下来，接近消费者。消费者也不再只是消费者，还是 Web 3.0 中各微型社区的居民。品牌需要考虑如何与社区互动，如何培养消费者，以及如何为社区提供价值。与传统的微信公众号、微博、小红书、传统广告相比较，NFT 社区有更天然的沟通属性，社区的居民有更高的参与度，不再是某个人发表观点，而是大家一起说。

被耐克公司收购的加密潮牌 RTFKT 在这方面做得很好。RTFKT 的 Discord 社区拥有 24.5 万名成员。RTFKT 定期举办创作者挑战赛，邀请成员设计和销售 NFT（艺术家和 RTFKT 各分 50%）。阿迪达斯的 Discord 社区有 5.7 万名成员，在 Twitter 上拥有超过 150 000 名关注者，在 Tik-Tok 上拥有超过 100 万名关注者，对整个项目运营发挥了巨大作用。

2. 品牌发行 NFT 的 3 种常见方式

1）品牌方自己发行 NFT

品牌方自己通常发行纯 PHP 形式的 NFT。这种方式采用得比较少。

品牌方自己发行的 NFT 可以分为以下 4 类：

（1）权益类 NFT。权益可以是门票、兑换某种实物、VIP 特权等，是品牌方比较常用的方式。例如，阿迪达斯的 Into the Metaverse 系列 NFT 可以兑换实物产品；蒂芙尼的 NFT 系列 NFTiff 仅面向 CryptoPunk 持有者出售，持有者可以用 3 个 NFTiff 兑换一条蒂芙尼专属定制的 CryptoPunk 黄金宝石吊坠。

（2）功能性 NFT。比如可穿戴式 NFT，在各个元宇宙平台中可装扮你的虚拟化身。Gucci 的 10KTF Gucci Grail 系列就可以装扮与 10KTF 合作的 11 个 NFT 项目。耐克发布的 Nike Crytokicks 数字运动鞋也可装扮持有者在元宇宙里的化身。

（3）会员管理体系 NFT。例如，B 站向海外用户发布了 Cheers UP 系列 NFT，支持 Pass 权益；周杰伦名下潮牌 PHANTACi 发布了 Phanta Bear 系列 NFT，持有者可加入 EzekClub。

（4）产品溯源型的 NFT。适合葡萄酒、威士忌等贵重但不是很透明的领域。例如，人头马和格莱美获奖歌手 Usher 再次联手，推出"Usher x Rémy Martin 1738: A Taste of Passion"全球活动，其中包括限量版酒瓶和 NFT，每只酒瓶售价 500 美元，成功购买了酒瓶的用户将收到一个 NFT，证明他们对实体酒瓶的所有权。

2）和蓝筹 NFT 项目方或者其他品牌联名发行 NFT

品牌方和蓝筹 NFT 项目方或者其他品牌联名发行 NFT 的方式主要是为了吸引对方的客户群体，例如，阿迪达斯与无聊猿、Gmoney、Punks Comic 的四方联名 NFT，Gucci 与 Superplastic 的联名 NFT，《滚石》杂志与无聊猿的联名 NFT 等。

3）购买蓝筹 NFT 并进行二次创作

品牌方购买蓝筹 NFT 并进行二次创作类似于购买一个 IP 并围绕它进行二次创作。例如，李宁公司拥有 4102 号无聊猿，对其进行二次创作，加入各种元素，做成产品的印花，推出中国李宁无聊猿潮流运动俱乐部系列服装，还把这个无聊猿做成巨型雕像来展示。

总的来说，越来越多的企业正加速开启数字化的战略，打造品牌 NFT 数字衍生品，不仅能使之成为品牌资产的一部分，而且其所产生的永久属性也有助于沉淀为品牌永恒的数字资产，为企业带来独特的营销价值。

2.9.3 白酒+数字藏品为新营销赋能

随着数字技术的高速发展以及 Z 世代成为消费主力，白酒如何实现数字化、年轻化转型及可持续的长期发展成为白酒行业必须直面的课题。

1. 白酒品牌加速布局 NFT

2022 年 2 月 28 日，江小白和天猫合作的数字藏品上线，限量首发 1000 份，在 3 分钟后就宣布售罄。在这场数字藏品发行活动中，江小白的销售转化率创下历史新高，超过日常 10%，单日销售额超过日常 16 倍，支付用户数超过日常 34 倍，单日访客量超过日常 3 倍。

2022 年 3 月 4 日，洋河股份公司在元之蓝星球微信小程序中发布 4 款数字藏品，共计 1368 份，发售价格为 13.68 元。其中，梦之蓝手工班（大师）珍藏版仅一款，全球限量发行 300 份；梦之蓝手工班（大师）特别版有 3 款，每款各发行 356 份。所有数字藏品上线 4 分钟即被抢购一空，超过 2 万个用户参与抢购，在元之蓝星球微信小程序中取得了 4 小时破百万次的浏览量。

2022 年 3 月 24 日，张弓酒厂面向全国发行 12 000 个数字藏品，共 4 款，以盲盒的形式随机抽取，售价为 599 元，4 款数字藏品可分别获得价值 1299 元、1599 元、2199 元、21 990 元的高端张弓酒一瓶，购得者可随时提取实体白酒，也可长期免费窖藏在张弓酒

窖，随用随取，由酒厂直接邮寄给消费者，还可以将数字藏品转赠好友或进行交易。

2022年5月19日，习酒厂推出5款白义醉猷数字藏品，包括一个特别款和4款盲盒。其中，特别款限量发行200份，首发99份，每份3999元；4款盲盒总计2000份，首发519份，每份999元。这些数字藏品上线两小时就全部售出。

据习酒品牌方透露，首批发售的白义醉猷数字藏品可以作为品牌特殊权益凭证，持续为数字藏品持有者提供折扣优惠、代金券、品牌特权、购买优先权、互动功能等，例如购买指定产品的折扣、购买白义醉猷产品的代金券、限量产品的优先抢购权等。

2. 白酒 + 数字藏品乘风破圈

为什么白酒企业纷纷涌进元宇宙？当传统营销失效，直播电商内卷不止时，白酒靠什么赢得年轻消费者的关注与青睐？目前，渠道碎片化、消费人群圈层化的局面让品牌方不知所措，白酒纯粹靠产品层面的创新已经难以满足消费者日益增长的新需求。

业内人士表示，从整个行业的发展态势看，白酒行业的产量和销量都在持续下滑。白酒企业想要达成量减价升的高质量发展目标，势必要寻求更好的产品价值表达方式，尤其是与消费者更深层次的交流互动。数字白酒的出现，解决了白酒消费过程中的不少痛点。数字藏品的应用让白酒的生产、流通过程变得公开透明，消费者拥有方便、简单、可靠的溯源方式，能够自主地判断白酒的真假伪劣。而数字藏品技术所带来的意义远不止于防伪，数字藏品拉近了品牌与年轻人的距离，不仅购买过程更加趣味化，而且数字化的交易模式也更符合年轻人的消费习惯。

伴随着元宇宙的兴起，白酒 + 数字藏品进入人们的视野。数字藏品是品牌方进入元宇宙门槛最低的途径，也是最有效的途径。消费者购买的白酒通过区块链数字化上链，成为具有数字酒证的数字资产，持有者可以通过线上完成购买、赠送、转让、提货到家，全程防伪保真，还有一站式白酒收藏服务。除了提供溯源保真、原厂直供、线下随时提货等功能之外，有些酒企还在数字酒证权益下附赠公司股权、买酒折扣、工厂游、元宇宙酿酒游戏等多种玩法，以增加数字白酒的价值感，吸引更多买家参与。

品牌方借助数字藏品的创新玩法，可以将有价值的艺术内容铸造为数字藏品，植入品牌理念，通过这种更年轻化、更新潮的方式触达年轻消费者，实现良好的传播效果。同时，品牌方还可以将实物权益与数字藏品锚定，让实物权益的使用场景更加丰富，提升消费者对品牌的好感。

3. 数字藏品给酒业带来的变化

目前从各酒企推出的数字白酒看，其产品形态主要包括数字酒庄、数字酒证、数字藏品等，本质上都是基于区块链技术的白酒数字化营销工具，无一例外都增加了区块链防伪保真、白酒资产数字化、白酒产品金融化、营销泛娱乐化等元素，势必会推动酒业新营销的进程。

从酒类产品数字化到品牌 IP 化，数字藏品不止于概念营销。在元宇宙时代，数字藏品是一个更有效率、更综合性的营销工具。首先，通过独特视觉设计的数字藏品，可以更立体、多元地传达品牌价值；其次，有趣、炫酷的数字藏品玩法可以吸引 80 后、90 后年轻消费人群的关注与参与，他们将成为众多白酒企业未来争夺的核心用户群体，通过赋予数字藏品各种权益和玩法，使数字藏品成为品牌与年轻消费群体之间的桥梁和纽带。同时，品牌借用数字藏品不仅可以激活私域流量，而且可以延伸出更多供玩家互动的内容话题和互动形式，从而增进白酒社区的黏性和归属感。例如，著名品牌 Johnnie Wallker 推出的首个数字藏品系列 Master of Flavor 是基于该品牌 7 瓶极为罕见的苏格兰威士忌发行的，售价为 35 000 美元。每位数字藏品买家将获得前往爱丁堡访问酒厂的机会，包括入住 Gleneagles 联排别墅、参观 Glenkinchie Distillery 和 Diageo Archive 以及品尝 Diageo 系列稀有威士忌等 VIP 会员权益。

2022 年 12 月，百威啤酒发布了近 2000 个酒瓶数字藏品。百威为该系列数字藏品的拥有者提供了各种福利，并以此构建了一个忠实消费者的社区。

习酒推出数字藏品后，成立习酒数字营销学习俱乐部，邀请营销、数字藏品、元宇宙、私域等各领域的专家对持有者进行指导，习酒数字藏品则是进入该俱乐部的门票。

2022 年 1 月，Patrón 与 BlockBar 合作推出了首款数字藏品。每个数字藏品都对应一瓶稀缺的独家主席储备版（Chairman's Reserve）实体龙舌兰酒，总共只有 150 瓶，对应的每个数字藏品售价为 1.5 以太币（当时折合约 4500 美元）。这里，数字藏品作为真实性证明，验证了数字藏品持有者对相应龙舌兰酒的所有权，并有权在任何时候赎回相应的实体龙舌兰酒。当然，数字藏品持有者也可以选择在 BlockBar 市场内安全地交易其数字藏品版本。至于这些实体龙舌兰酒，BlockBar 将之存放在新加坡的一个秘密地点，并进行 7×24 小时的安保、外界运动检测和温度控制，听起来是不是很酷？想一想，这是不是有一点类似每年的中秋月饼券、阳澄湖大闸蟹兑换券呢？也许茅台也可以参考这一逻辑，拥有一个数字藏品就意味着拥有对应编码（或年份）的一瓶茅台酒。针对年轻人（Z 世代）的新式白酒、果酒、低度酒饮料完全可以用这种方式做一波营销，成为最有科技含量的酒品牌。

长期来看，数字藏品可能会极大地加速实物资产上链和数字化的过程，数字酒证的出现，将数字藏品与具有收藏价值的酒文化资产或限量版高端产品进行锚定，从而让酒类数字藏品具有可质押融资、转让交易的金融特性，为消费者打造信用兜底、仓储保值、产品升值、收藏体验等功能。在元宇宙逐渐升温的市场大背景下，数字藏品的话题热度高，表达形式多元化，用户体验感强，理念前沿，创新空间宽广，通过融入元宇宙多样化的玩法，助力白酒品牌打造数字文化 IP 以及由此衍生的链上赠送、投资收藏、积分兑换、数字酿酒等不同的应用场景，促使白酒营销更多元化、更立体。

如今，数字经济已成为驱动经济增长的重要力量。白酒品牌利用数字化营销手段，打造数字藏品，将实体产品与数字藏品结合，在促进品牌文化传播的同时，也能够吸引年轻消费者，开辟产品销售新渠道，进一步扩大白酒品牌的影响力。

2.9.4 汽车+数字藏品为汽车业营销数字化赋能

随着 Z 世代消费群体的崛起，年轻化、潮流化正成为品牌的战略重点和营销热点。如何更好地迎合年轻消费群体的需求？当下，元宇宙概念火热，数字藏品持续升温，成为年轻人追捧的虚拟资产。在此背景下，不少汽车企业选择进军数字藏品领域，将数字藏品当作打开年轻人市场的策略。

1. 哪些车企品牌推出数字藏品

2021 年 8 月，奥迪推出数字艺术作品"幻想高速"（Fantasy Super Highway），以 NFT 加密艺术形式限量发布。该作品灵感源自新奥迪 A8L 60 TFSIe，由知名艺术家程然创作完成。人们可以通过该系列作品感受到虚拟现实美学的延展，从而激发出对未来世界的自由幻想。该系列作品共有 5 张 ID 数字影像，包括时空、心室（见图 2.2）、舱体虚幻无限等，每个作品都基于新奥迪 A8L 60 TFSIe 不同的产品亮点进行构想和延展，以 NFT 加密艺术形式限量发行101份。

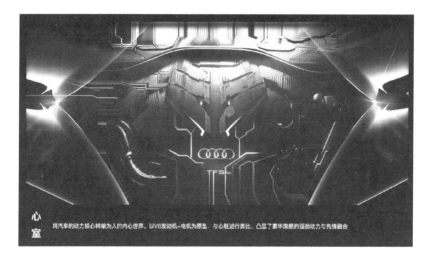

图 2.2　心室

（图片来源：百家号汽车观察家）

　　荣威首个数字艺术藏品荣威元宇宙拍卖时以 100 万元成交。据了解，拍得者不仅获得该数字藏品，还将拥有荣威龙猫"元定制"实体车一辆，成为荣威首位元宇宙车主。同时她还将免费享受高级定制 PLUS 服务，包含在上汽荣威元宇宙版图中担任上汽荣威元宇宙品鉴官。

　　领克 The Next Day 概念车首次线下亮相。两款 The Next Day 概念车设计手稿数字藏品也限量首发。领克通过发行数字藏品，不断与用户建立更多维度的连接，为用户提供科技感和智能化的产品感知。领克的汽车数字展厅目前已向公众开放，可为用户提供沉浸式看车、购车的数字化服务。

2022 年 4 月 10 日，小鹏汽车联合天猫推出以 P7 为原形的数字藏品。该数字藏品的发布为用户对品牌的认知找到新切入角度，为小鹏汽车开辟了新的品牌感知路径。通过引入数字藏品，小鹏汽车将原有存量用户激活，依托低参与门槛与高互动乐趣进一步吸引了新用户参与，反哺线上销售，达到了拉新和促活的双重效果。

2022 年 6 月 30 日，揽胜上海联合上市发布会在复星艺术中心隆重举办，并在陆家嘴呈现万众瞩目的"亮灯"仪式。当晚，The New Range Rover 全新揽胜上市限量定制艺术数字藏品在数藏中国首发。本系列数字藏品采用最新、最潮的创意数码生成艺术效果，表达全新一代揽胜对丰富生活方式的诠释与多样人生的选择和态度。

2022 年 7 月，百度 Apollo 发布了首款汽车机器人概念的数字藏品，以百度汽车机器人为 IP 形象，每一款数字藏品对应一个自动驾驶里程碑事件。4 款汽车机器人数字藏品，每款限量 2000 份，开抢后短时间即售罄。

兰博基尼发起最后一辆兰博基尼 Aventador 的拍卖活动，邀请数字艺术家 Krista Kim、DJ Steve Aoki 创作汽车 1∶1 数字复制品，将这款数字藏品取名"兰博基尼汽车"。兰博基尼将拍卖和数字藏品融合到一起，拍卖中标者不仅能获得兰博基尼发行的同款数字藏品，还能享有一系列 VIP 礼遇，涵盖未来限量版兰博基尼车型的独家虚拟预览、兰博基尼博物馆的私人之旅等。对于品牌来说，推出数字藏品本质是以兴趣作为与 Z 世代交流的桥梁，不仅可以将兰博基尼的历史故事传递给更多的年轻消费者，还能够帮助品牌与消费者建立长久的情感连接。

除了数字藏品外，车企还能怎么玩？保时捷外观设计总监 Peter Varga 绘制了独家设计草图作为保时捷首个数字藏品拍卖，拍卖收益捐赠给非营利机构 Viva con Agua。汽车 + 数字藏品 + 慈善公益为品牌塑造了良好的社会责任形象。

2021 年 3 月，巴雷特 - 杰克逊拍卖行拍卖了 4 个汽车数字藏品，为慈善事业筹集资金，分别为第一辆 2021 年福特野马 1 号（售价超过 50 万美元）、第一辆 2021 年的双门福特野马、第一辆 2022 年 GMC 悍马 EV 以及第一辆 2021 年 Ram 1500 TRX 发布版的数字藏品。竞拍成功后，持有者会收到独家视频、插图和 3 幅静止图像的数字包装。

2. 数字藏品解锁 Z 世代的流量密码

汽车市场目前已经由增量转变为存量。"得年轻人者得天下"早已成为当下中国汽车市场中公认的事实。随着年轻消费者逐渐成为汽车市场中的主力消费军，越来越多的汽车厂家，尤其是新能源车企，逐渐将目光投向年轻消费者。

数字藏品是连接年轻用户的新工具，是新时代汽车营销的新抓手，是车企跨界破圈营销的利器。车企发布的专属数字藏品给予年轻消费者一种社会认同感，让车主身份从现实世界延伸至虚拟世界。人们以此为价值凭证，在元宇宙中展示自身的审美及精神信仰。

如今，数字藏品已经成为当代年轻人的一种全新的社交密码，购买数字藏品满足了年轻人彰显自我、识别同类的消费心理。数字藏品所具有的 IP 属性和社交属性正是年轻消费者所看重的。

3. 汽车数字藏品的应用场景

从全球范围看，丰田、大众、奔驰、宝马等跨国汽车集团均在积极布局元宇宙，奔驰、兰博基尼等豪车品牌相继进入数字藏品领域。在中国市场上汽、一汽、蔚来、比亚迪等车企也纷纷抢滩元宇宙。据不完全统计，现已启动数字藏品项目的车企多达 100 余家。汽车是与数字藏品高度匹配的行业，不同于其他快消品在销售后企业与消费者即没有联系，车主买车后仍将与车企保持多年的密切联系。

数字藏品不仅能吸引年轻消费者的目光，而且可以用于客户关系管理，包括与汽车资产的关联、与后市场（aftermarket）的维保及保险等业务的连接。车企通过认购、领取等方式与未来用户的运营体系、积分、权益进行绑定，从而让数字藏品所带来的用户关注延伸到购车交易、返店维保等场景中，既满足用户的刚性需求，又为品牌带来实际的商业价值。例如，持有数字藏品的消费者拥有新车网上优先购买、优先排队提车、额外用车、汽车用品赠送等权益。

数字藏品完全可以把原先会员卡 VIP 的功能承接过来，如享受指定次数免费洗车、保养折扣、指定里程保修，不同级别的会员享受不同的服务。

有的品牌不仅发行数字藏品，还开始创建数字藏品社区，为用户提供一个可靠、便利的交流平台。通过发行数字藏品，为用户搭建一个新的移动消费场景，让人们驾驶着汽车数字藏品在元宇宙中驰骋。

面对元宇宙新战场，车企以数字藏品的新潮形式触达、吸引和取悦消费者，例如，把消费者当成体验官以及虚拟代言人、社交互动游戏等诸多玩法，让消费者进入沉浸式的虚拟展览或者品牌虚拟场景，给消费者带来全新的体验。从玩法上可以借鉴数字藏品市场常用的集卡、盲盒、抽签等形式。例如，持有某系列汽车数字藏品达到一定数量，可以兑换新车，可以获得购买汽车打折权益或者抵现金权益，设计多元化的激励机制，让消费者成为共创者，通过数字藏品构建品牌与消费者交互的情感纽带。

对于车企来说，数字藏品不仅可以吸引新的潜在消费者的关注，激活沉睡的老用户，而且可以构建数字藏品社区，沉淀私域流量。

2.9.5　服饰品牌+数字藏品为时尚行业赋能

自元宇宙爆火出圈以来，数字藏品作为文化艺术领域的一种新型表达方式，已经成为新时代的潮流先锋。对于追求独特体验、热衷新鲜事物的年轻人来说，数字藏品无疑是一个值得探索和发掘的全新领域。

1. 时尚品牌扎堆涌进元宇宙

特步公司发布旗下元宇宙品牌步星云及首款数字藏品160X-Metaverse，该数字藏品共 321 份，每份售价 1603 元。据特步公司消息，这款数字藏品在短短 70 分钟内就已售罄。步星云选择了"实体 + 场景赋能"的路线：一方面，实体赋能为领主们提供稳定的价值实物，让数字藏品的价格变得"值"；另一方面，将数字藏品应用到场景之中，让它的功能性得以增强。步星云还为首批创世领主制作了礼盒，包括领主身份徽章、领主身份 T 恤以及160×3.0 马拉松竞速碳板跑鞋，领主编号、哈希码和定制昵称均有高度定制化的呈现。这款礼盒还有一个彩蛋，当领主们用步星云App 的 AR 扫描功能扫描水晶球底座时，会在虚拟现实场景中展现160X-Metaverse。

2022 年 4 月，361°联合著名潮玩 IPFATKO，首次推出"我是东方未来"系列数字藏品，包括"跃地滑板""解答春天""情绪嘻哈""活力飞盘"和"反转球场"5 款，分别对应滑板、露营、音乐节、飞盘、篮球场景，以数字化方式呈现年轻人喜欢的潮流生活。

零售巨头 GAP 推出自己的首款 NFT，这是一个可以解锁实体连帽衫艺术的数字藏品。这款数字藏品背后的画作是 GAP 和艺术家布兰顿·赛恩斯(Brandon Sines)之间的合作成果。这款数字藏品在 Tezos 区块链上进行托管,以先到先得的方式获得。在实物方面,从 GAP 品牌最具标志性的连帽衫开始,GAP 发布的数字藏品分为 4 个等级:普通、稀有、史诗和独一无二,总发行量只有 100 套。

意大利时尚品牌 Dolce & Gabbana 在数字藏品市场 UNXD 推出由两位联合创始人亲自设计的 Collezione Genesi 系列数字藏品,最终以 570 万美元的高价成功收官。该系列共有 9 个数字藏品,其中 5 套数字服装的藏家还将收到相关的实物,并获得参观时装活动以及成为首批加入 DGFamily NFT 社区的会员等福利。

阿迪达斯旗下的运动经典系列 Adidas Originals 推出其首个数字藏品系列,命名为 Into the Metaverse,宣告其正式进军元宇宙。该系列由阿迪达斯联合 Bored Ape Yacht Club、Gmoney 及 Punks Comic 的背后团队共同打造。其持有者不仅能够得到可在元宇宙游戏 The Sandbox 中穿戴的虚拟设备,还将收到与之匹配的同款运动套装、连帽衫等实体产品。开售仅数小时,除阿迪达斯保留的 380 个数字藏品外,其余 29 620 个标价 0.2 以太币的数字藏品全部售出,销售额约 2300 万美元。

从古驰、路易威登到耐克、阿迪达斯,时尚品牌纷纷选择投身数字藏品领域,这个新兴市场正经历着前所未有的蓬勃发展。为什么很多品牌纷纷进入元宇宙并发布数字藏品?某数字藏品运营方负责人表示，新兴品牌通过数字藏品建立的社区拉近了品牌和用户的关系，品牌可以和用户直接对话，了解用户需求，品牌方可建立类似于 DAO（Decentralized Autonomous Organization，去中心化组织）的机制，鼓励用户参与品牌方的相关规划。另外，数字藏品带给用户身份认同，通过用户间的互动，用户的黏性也会加强。通常而言，传统品牌比较注重通过实体产品吸引年轻人，提升品牌形象；而新兴品牌则看重数字藏品带来的社交属性，数字藏品成为品牌方连接用户的重要中介。

2. 数字藏品破圈 Z 世代

有数据显示，2021 年，数字藏品市场交易额超过 400 亿美元，00 后和 90 后数字藏品意向藏家占绝大多数。其中，90 后占 37%，排名第一；00 后占 27%，排名第二。另有数据显示，在购买数字潮鞋的用户中，男性用户占 60.81%，女性用户占 39.19%，购买者主要为 18～22 岁的 Z 世代人群。这些活跃在潮流前线的年轻消费者正是许多消费品牌想要拥抱的主流消费力量。

当 Z 世代成为消费主力后，品牌越发年轻化，数字化成为各个领域的发展趋势。数字藏品似乎完美地符合 Z 世代的消费习惯：数字化、趣味化，个性化以及年轻人精明又独特的消费方式。年轻人更善于用消费表达个人理念和生活品位。他们关注文化，尤其是"国潮"；他们注重环保，尤其是低碳可持续的生活方式；他们更怀旧，以此抗拒千篇一律的主流时尚文化，塑造更个性化的个人形象。

随着年轻人消费日益趋向圈层化、KOL 化的社交模式，使得符合 Z 世代消费理念的品牌更容易出圈。例如，这些年的喜茶、元气森林、文和友、茶颜悦色、蜜雪冰城等无不靠着年轻化、趣味化和圈层化营销暗合 Z 世代的消费心理破圈而出。

对 Z 世代而言，数字藏品所带来的虚拟时尚是新鲜与潮流的体现，这些数字藏品虽然摸不着，但发朋友圈、晒图既能满足年轻人的社交需求，又能吸引更多年轻人"入圈"数字藏品。当消费者购买可穿戴时尚数字藏品时，同时也拥有其独一无二的所有权。不管是虚拟服装还是头像，都可以成为在元宇宙中展示与炫耀的资本。随着元宇宙热潮的到来，数字藏品和数字资产已成为展示个人爱好、社区关系和价值标签的标配。

据统计，截至 2022 年 7 月，全国已有超过 20 个品牌服装企业与元宇宙融合发展。元宇宙融合主要有数字品牌形象代言人、数字藏品、元宇宙时装周 / 发布会、跨界元宇宙主题合作、元宇宙产品宣传片、元宇宙体验 App、数字藏品与实体产品并行发布、虚拟店和虚拟服装、与名人元宇宙元素合作等多种方式，广泛受到消费者尤其是年轻消费者的欢迎。

3. 服饰行业元宇宙营销方法论

1）打造社交虚拟空间

社交虚拟空间相当于现实生活中的活动场地，它是元宇宙最重要的组成部分。在社交虚拟空间（平台）上，品牌不仅能让用户快速了解自己，还可以通过平台与用户互动，同时还能在平台举办各种活动。

2）推出虚拟形象代言人

从元宇宙这个概念走进大众视野的那一刻起，沉浸式体验（虚拟空间）和虚拟化身（虚拟人）就占据了大众的心智。虚拟人也是元宇宙营销重要的切入方式之一。虚拟形象代言人不仅可以用来为元宇宙营销站台，还可以当成独立的 IP 来运营。

3）发售数字藏品

例如，品牌推出某款鞋的数字藏品，限量发售，藏品要具有一定的稀缺性和收藏价值。

还可以让用户的虚拟化身穿上虚拟鞋，并推出实体鞋在线销售，由虚拟化身试穿虚拟鞋，最后回归实物销售。这样做不仅能达到营销的目的，还能使用户获得新颖的购物体验。

还有一些更高级的玩法。例如，虚拟鞋穿久了会磨损，衣服会变旧，虚拟化身也需要换装，等等。甚至可以与游戏发行商异业合作，把鞋服饰品嵌入游戏人物穿戴中，在提升品牌知名度的同时，赋予数字藏品更多的应用价值。

4）VR 试穿体验

用户只需要带上 VR 眼镜或者拿出手机对着自己的脚点击试穿

（和上面不同的是，这里是真人试穿，而非虚拟化身）就可以在线试鞋。试穿满意后，客户可以直接在线下单购买试穿的同款实体鞋。

4. 品牌借助数字藏品营销迎来新一轮 IP 机遇

无论技术如何进化，营销的核心永远是沟通与共鸣。数字藏品营销就是利用技术手段在元宇宙时代帮助品牌与用户更有效地沟通，建立更深层次的连接。目前来看，无聊猿已经不仅是一个数字藏品，还成为一种文化 IP。随着无聊猿与更多品牌的 IP 合作的助推，无聊猿的 IP 价值或许将在未来进一步放大。

数藏中国 CEO 王鹏飞表示，目前，数字藏品对商业模式最大的改变是对营销的促进和升级，数字藏品在很大程度上改变了品牌与客户、消费者的连接方式。

目前来看，数字藏品赋能时装产业主要有 4 种方式：

（1）基于数字藏品发行的数字品牌，创造虚拟产品和体验，例如 RTFKT、无聊猿。

（2）面向元宇宙的时装设计，主攻元宇宙内的虚拟服装方向，例如 The Fabricant。

（3）现实时装之上的虚拟体验，通过与 PFP IP 二次设计寻找新的消费群，例如李宁。

（4）奢侈品牌下数字藏品的消费拓展，慢慢利用自身影响力进入数字藏品领域，例如 Gucci。

如今，虚拟世界与现实世界的边界正在被打破，人们的衣食住行正在逐渐向元宇宙迁移。"万物皆可 NFT"，数字化时代进程加快，疫情的影响使得人们花费在网络上的时间越来越长，人们更能接受和习惯融入数字虚拟空间。数字藏品结合品牌的特色与价值，能够为品牌营销提供新场景，更深刻地传递品牌价值。

2.9.6　数字藏品营销为连锁实体店赋能

2021 年，元宇宙概念声势先起，发展至今，已经成为各行各业头部企业倾力追逐的方向。元宇宙并非空中楼阁，互联网的发展必然催生更高维度的数字化、虚拟化、沉浸化、互动化的生活及商业方式。恰逢成长在互联网环境下的 Z 世代正逐渐掌握消费主导权，成为推动元宇宙应用的主力军。新人群、新载体、新玩法成为企业营销必须面对的命题。

元宇宙的出现对于品牌建设和运营提出了新的、更高的要求，但本质上仍然可以将元宇宙营销看作内容营销的一个跨越式升级。这个升级是之前所有营销载体和形式的集大成者，它不限于图文、声音、视频或直播，也不限于发布会、嘉年华、IP 构建或品牌联名。文字、语音、短视频等传统的营销方式往往只能单方面地对用户输出平面的内容，与用户的交互方式是"我讲你听"。元宇宙品牌营销的不同之处在于，它能提供有交互感、实景感的 3D 内容，为用户带来沉浸式的品牌体验，与用户间的交互变为"我创造，你来玩"，实现品牌即内容。

因此，当前元宇宙营销的核心仍然是内容营销，一个精彩的故事、一个恰当的时机、一个独特的社交体验是一场成功元宇宙营销的 3 个核心要素。因为所有这些内容都可以通过数字藏品来承载，并在元宇宙中直接呈现。

1. 星巴克用数字藏品重塑会员体系

2022 年 9 月 12 日，星巴克官宣了基于 Web 3.0 的星巴克奥德赛应用，嫁接在原有星享俱乐部之上，首次将星巴克奖励忠诚度计划与数字藏品平台结合起来。

在奥德赛会员体系中，会员可以通过玩游戏互动或接受有趣的挑战，赚取"旅程邮票"，拓宽品牌体验的维度。星巴克将邀请知名艺术家创作数字藏品，并设置多种稀有度梯次，让会员的积分随着持有数字藏品的级别与数量增加。在奥德赛会员体系中，星巴克会员和合作伙伴甚至员工都可以获取数字藏品，且这些数字藏品在支持交易和转让的同时还代表着相应的星巴克福利。购得数字藏品的会员可以参与星巴克奥德赛"旅程"系列活动，包括有机会参与虚拟浓缩咖啡马提尼制作课程和星巴克储备烘焙厂举办的特别活动，甚至前往哥斯达黎加的星巴克咖啡农场旅行。

星巴克创始人霍华德·舒尔茨（Howard Schultz）表示，数字藏品发放是一项会员增值服务——连接星巴克会员与合作伙伴，并为其提供新的互动方式和以前无法获得的体验及所有权，将超过以前的会员基本福利，解锁星巴克独有的数字、实体和体验福利。

2021 年 8 月，可口可乐公司与 3D 虚拟化身应用平台 Tafi 合作推出的数字藏品 Coca-Cola 友谊盒在 OpenSea 平台完成拍卖，拍卖成交价约合 54 万美元。可口可乐公司将这笔收入捐给了东京残奥会。

Coca-Cola 友谊盒包括一个经典的可口可乐冷却器、一件可在虚拟现实世界 Decentraland 中使用的可穿戴夹克、一张友谊卡以及一个声音视觉器，它可以播放瓶子打开的声音、饮料倒在冰上的声音以及碳酸饮料中常见的气泡声。可口可乐公司表示，Coca-Cola 友谊盒中的每个数字藏品都是为了纪念可口可乐品牌的核心元素，并以全新的、令人兴奋的方式在虚拟世界中对这些元素进行新的诠释。

2021 年 12 月，可口可乐公司通过 VeVe 平台以盲盒形式发布了圣诞节雪花球数字藏品。这一系列数字藏品以飘落的雪、标志性的可口可乐北极熊等为特色，所有款式的售价均为 29 美元。

2. 麦当劳发布数字藏品以激活粉丝

麦当劳是首家在中国发布数字藏品的餐饮品牌，为庆祝进入中国内地市场 31 周年及上海新总部大楼正式启用，麦当劳中国宣布推出首个数字藏品——巨无霸魔方，以麦当劳品牌精神和新总部大楼外形为灵感，是一个三维动态数字创意作品。188 份巨无霸魔方将以限定礼品形式赠送给部分员工和消费者。

2022 年 7 月 13 日，麦当劳推出新品——麦麦咔滋脆鸡腿堡。麦当劳还把它带入了元宇宙，将消费者第一次吃到麦麦咔滋脆鸡腿堡的经历永久记录下来，成为独一无二的数字藏品，消费者可进行社交展示、分享。消费者通过麦当劳 App、微信小程序、支付宝小程序，使用"到店取餐"功能购买麦麦咔滋脆鸡腿堡，便有机会领取一份麦麦咔滋脆鸡腿堡诞生纪念数字藏品。这款数字藏品以虚助实，打通了产品购买到会员系统再到数字藏品平台的完整链路，实现了线下实体与线上虚拟的高度融合。在这个 5 秒钟的动态数字作品中，麦麦咔滋脆鸡腿堡层层美味展露无遗。

麦当劳创新性地运用潮流科技，将品牌资产延伸到数字世界，在数字世界中与消费者产生新的连接：

（1）获得优惠，即购买产品打折或者赠送同类产品。

（2）获得附加福利。消费者希望获得惊喜，可能并非基于产品本身，而是基于额外的衍生产品或者服务。在这点上，数字藏品就有了发挥的空间，它可以作为数字赠品增加用户的幸福指数。

（3）获得荣誉感与社交货币。被具备社交优越感的品牌奉为贵宾，是消费者显示自己财富水平与地位的常见手段，奢侈品牌也大多积极拥抱数字藏品，为挑剔的高净值消费者提供新奇的品牌会员体验。奥迪在 2021 年向 A8L 60 TFSIe 车主限量发行一个具有收藏价值的艺术盲盒，强化了豪华车主之间的身份认同和价值认同。

数字藏品作为企业的营销手段，比传统的积分和权益更具吸引力。数字藏品具备的投资属性是传统积分不具备的。传统的积分会过期、会贬值；而采用数字藏品作为奖励品，对于消费者来说是一种长期的资产。数字藏品具有 IP 以及圈层属性，可以改造社区的运营模式，让社区更有吸引力，提高消费者的参与度。企业社区中会员的参与度和活跃度与会员的权益高度正相关。权益越多，社区的吸引力越大，会员的活跃度也会越高。

总之，数字藏品可以帮助企业、品牌、产品和消费者 / 用户之间建立起前所未有的深入连接，也可以和企业的会员体系打通，构建活跃的用户社区。

第 3 章

元宇宙营销之"人"

——从 DAO 的视角重新定义数字分身

3.1　从虚拟数字人到数字分身

虚拟数字人是指具有数字化外形的虚拟人物。虚拟数字人是一种深度合成技术，以人工智能和 5G 为基础，将人体全身及肢体动作全方位进行数字化、可视化"复制"，最终实现将现实生活中的人精确地在数字世界中复刻出来。伴随着人工智能、虚拟现实等数字技术的快速发展，虚拟数字人越来越接近真实，虚拟人演员、虚拟人主播栩栩如生，演变为人的数字分身。数字经济与实体经济进一步融合，为虚拟数字人释放 IP 价值提供了更广阔的市场空间。

虚拟数字人需要具备以下 3 个主要特征：

（1）拥有人的外观，具有特定的相貌、性别和性格等人的特征。

（2）拥有人的行为，具有用语言、面部表情和肢体动作进行表达的能力。

（3）拥有人的思想，具有识别外界环境并能与人交流互动的能力。

综合来看，虚拟数字人需要具备4方面的能力，即形象能力、感知能力、表达能力和娱乐互动能力。

3.1.1 虚拟数字人的分类及应用

业界普遍将虚拟数字人分为两类：一类是以功能应用为主的服务型虚拟人；另一类是以个性表达为主的偶像型虚拟人。

服务型虚拟人目前以替代部分重复性较高的人工劳动为主，主要有智能客服、语音机器人、虚拟助手等。除了标准化和规范化之外，其价值体现在可以全天候实时服务，提高工作效率。例如，万科的首位虚拟员工崔筱盼负责催办企业的逾期应收款。

偶像型虚拟人通过打造符合当代年轻人审美观、具有独特人设的人物形象，满足品牌的价值需求，目前以虚拟主播、品牌代言人、潮流体验官等为主，主要应用在制作广告、参加综艺节目、通过社交媒体发布品牌宣传内容等活动中，例如虚拟美妆达人柳夜熙。

虚拟数字人作为品牌代言人的优势显而易见——成本低（名星代言费高）、风险低（明星代言人可能会人设崩塌）、可控性高（虚拟代言人形象、言行举止可控）、长期性（虚拟代言人和品牌可以长期稳定合作）。

中信证券公司把虚拟数字人分为人格型、实用型两大类别。人格型虚拟数字人主要通过塑造人设和形象突出人格魅力，目的是给用户提供感官刺激和建立情感联系，主要应用在社交娱乐等领域。根据侧重点不同，人格型虚拟数字人可以分为内容型虚拟数字人（强调内容 IP，比如虚拟偶像 A-SOUL、玲娜贝儿）和形象型虚拟数字人（强调特色形象，比如 AYAYI、翎 Ling 等）两类。实用型虚拟数字人突出实用价值，是元宇宙时代的基础设施。实用型虚拟数字人根据功能不同可以分为功能型虚拟数字人（类似于游戏中 NPC 的概念，将虚拟数字人应用到部分现实工作中，比如虚拟主持人、虚拟客服等）和虚拟化身（应用虚拟数字人技术为元宇宙用户提供虚拟形象）两类。

目前，虚拟数字人承载着用户在虚拟世界的身份，也是元宇宙中必不可少的角色。虚拟数字人正以各种职业身份渗透到各个行业，海内外厂商也纷纷进入虚拟数字人赛道。芒果 TV 推出首个虚拟主持人 YAOYAO，并与主持人共同主持节目；东风标致虚拟代言人小狮妹 Léa 在东风标致新 408 首秀直播发布会上登场，为现场来宾讲解内容，是东风标致全球首个虚拟数字人 IP。蓝色光标打造的小狮妹 Léa 以品牌虚拟发言人身份讲解产品，以新锐且具象化的虚拟形象与年轻用户产生沟通和情感连接，最终以全网超千万人次围观的纪录成功破圈。

总之，虚拟数字人能够带来丰富的内容和沉浸式的体验，实现流量引导，有效推进直播带货场景应用，助力品牌破圈。此外，虚拟客服、虚拟教师、虚拟医生等虚拟数字人也开始应用于各种服务场景中。

3.1.2 营销从明星偶像到虚拟代言人

品牌正在经历从明星偶像到虚拟代言人的时代。明星偶像代言的时代即将过去。品牌虚拟代言人在元宇宙拥有自己的人设和身份，可以在线上助力品牌举行虚拟发布会、演唱会、品牌秀等，建立与消费者之间的类人际关系，丰富消费者对品牌的感知。虚拟代言人完美符合品牌和企业的审美标准，品牌方和创造者可以完全控制虚拟代言人的行为和人设，大大降低了品牌合作过程中的代言人风险。

对于品牌而言，虚拟代言人的引入能够强化品牌的人格化色彩，使品牌形象年轻化。此外，虚拟代言人作为品牌自有 IP 的虚拟形象拥有理想化面容、稳定的人设，其风格与品牌定位一致，且完全受品牌控制，能够长期提供运营服务，与流量明星代言人形成互补。

2020 年 11 月，欧莱雅集团发布首个美即品牌虚拟代言人——M 姐。2021 年 3 月，欧莱雅集团宣布欧爷成为品牌的虚拟代言人。欧爷的推出是欧莱雅集团的一次战略尝试。欧爷的人设为：24 岁，中法混血，有美妆一哥、宠粉狂魔、公益达人等身份标签，愿景是致力于让所有人拥有美。欧爷还有多重职业身份：他在《欧爷百事通》中作为新闻部长，为用户带来最新美妆动态；在《欧爷说成分》中作为成分党专家，揭开化妆品的秘密；在《欧爷面对面》中作为社交圈顶流，带用户认识名人朋友，聊聊他们的观点，分享多元化的美；在《欧爷做公益》中作为可持续达人，呼吁大家做公益。

现阶段，虚拟参与品牌营销的方式一般分为以下两类。

第一类为品牌自建虚拟代言人。品牌需要从虚拟代言人的人设、内容、运营等方面进行设计，所需周期也较长，需要较高昂的运营成本。内容都是根据受众的喜好调整出来的，可以更好地将品牌形象具象化，引导粉丝加入，增加消费可能性。品牌自建虚拟代言人有利于形象向不同领域应用和场景延伸。但是面对市场上只靠外形的同质化现象，虚拟代言人终将面临审美疲劳。

第二类为品牌选择与现有的虚拟代言人进行合作。这种方式又细分为两个方向：第一个方向是围绕虚拟代言人进行品牌推广、代言、联名合作等商业合作；第二个方向是与虚拟代言人的已有粉丝之间建立情感连接，从粉丝经济的角度增加收入，主要形式有周边售卖、线下演唱会、粉丝见面会等。

虚拟代言人逐步走进公众视野，价值日益凸显，让很多企业看到一种可能——选择打造符合品牌调性的虚拟数字人 IP，作为形象代言人连接消费群体，通过视频广告、直播、图文等方式，成为企业获取私域流量沉淀的管道。

整体而言，虚拟代言人行业的未来是乐观的，但也是竞争非常激烈的红海。品牌借势虚拟代言人本质上是追热点。如何将先进的技术恰当地结合到营销中并进行流量转化才是品牌持续发展的关键。

在元宇宙概念下，品牌可以用更亲切的方式贴近消费者的生活。当前虚拟主播、虚拟偶像、虚拟代言人已得到切实的商业价值验证。虚拟数字人契合品牌年轻、高端、时尚的形象，通过直播助力营销活动，还可以拍电影、当客服、与用户交朋友，适合品牌各种商业场景，可以成为品牌对外传播的窗口。

3.2 Z世代是元宇宙前行的原动力

当 Z 世代成为市场主角时，市场将被重新定义。过去几年，诸多第三方机构都在关心一个群体，他们是未来经济增长的主要引擎，他们就是 Z 世代。Z 世代主要指 1995—2010 年出生的一代人，他们是移动互联网世界的原住民。如今，他们已经成为全球人口最多的群体，人数高达 19 亿人，占全球总人口的 25%。根据国家统计局的数据，目前中国 Z 世代人群规模已经超过 2.7 亿人，占总人口的 19%，却贡献了超过 40% 的整体消费。

Z 世代多成长于独生子女家庭。他们从小得到整个家庭的关注，自我意识非常强烈，非常渴望得到外界认同，对自我价值的实现需求更高。他们追求高质量的社交，更在乎志趣相投，并乐于表达自己的观点，发起话题。

他们成长于衣食无忧的年代，更注重精神上的追求。他们在社交上更注重心灵的契合，而不是一味追求热闹。他们可以在网络世界再造一个符合自身性格和追求的人设，更专注地与相知的人深度交流。

Z 世代是不被标签定义的一群人，他们拥有无限活力与创意，这就要求品牌积极融入年轻群体，不断挖掘年轻基因，实现价值共鸣与思维共振，摈弃单向灌输式品牌输出，要与年轻用户想到一起、玩到一起。

与 70 后、80 后甚至部分 90 后相比，Z 世代更习惯于消费虚拟载体承载的娱乐、社交内容。年轻人的消费欲望和情绪大多释放在互联网上，元宇宙"人"的媒介作用性成为他们释放消费力的新精神家园。Z 世代开始逐渐呈现出虚拟与现实融合的趋势。

近几年，品牌方想尽办法让品牌年轻化，以此吸引 Z 世代。有市场数据显示，Z 世代的购买渠道、动机大多来自社交圈，对品牌消费的首要目的也是为了社交。

腾讯《2019 年 Z 世代营销实战手册》报告显示，Z 世代典型的消费态度，首先是通过品牌消费融入所在圈层、维护社交圈，其次是打造鲜明的个人人设。相比于品牌实用主义的前辈们，Z 世代的品牌消费背后都是社交在驱动。而 Z 世代"消费为社交"的行为又分为两种——突破社交壁垒与维护自我圈子。他们希望通过消费更好地融入社交圈子，买出共鸣，吸引同好；同时，他们也认为，消费可以帮助自己维系社交关系。在某个领域的消费潮流或许就是这个群体的社交通行证及话语体系。简单来说，Z 世代消费者最大的特点就是：他们是喜欢"安利"的一群，同时也是愿意"被安利"的一群。

3.2.1　Z世代的流量密码

元宇宙的出现给社交带来了形式、场景的多种可能。作为互联网原住民的 Z 世代希望社交更有趣，娱乐 + 社交、虚拟形象社交、虚实互动、打破时空的限制……这些统统能赢得他们的青睐。虚拟代言人通过深度洞察 Z 世代消费新需求助力品牌破圈。

品牌打造符合自身文化和品牌调性的虚拟代言人，成为与年轻人建立沟通的突破口。从屈臣氏推出首位虚拟代言人屈晨曦 Wilson 拉近与年轻人的距离，到欧莱雅推出首位虚拟代言人 M 姐走进 Z 世代圈层，再到花西子推出首个品牌虚拟代言人花西子引领国货新风尚，虚拟代言人正在帮助品牌迅速吸引年轻消费者的注意力，助力品牌俘获更多的目标用户。

虚拟数字人不仅是具有服务属性的工具人，还能通过短视频、海报、直播等传播方式成为品牌跨圈层传播的新渠道。虚拟数字可以实现人设的定制化，通过打造成符合品牌调性的虚拟偶像，吸引年轻粉丝群体，参与到品牌推广营销的各个方面，与目标用户产生情感连接，从而信任其推荐的品牌，这是以往品牌与明星偶像营销合作中所不能实现的。

虚拟数字人在与用户的互动、沟通中潜移默化地传递品牌理念。尤其针对年轻消费者，虚拟数字人形象可以让品牌变得更酷、更年轻，更容易激发年轻人潜在的心理需求，形成情感共鸣，更符合元宇宙时代消费者对品牌的期待。例如，钟薛高虚拟代言人阿喜、京东数字人智能客服芊言以及集原美、翎 -Ling 等，他们拥有年轻炫酷的外表和独特的 IP 特性，使年轻人更愿意尝试有虚拟数字人的品牌产品。

虚拟数字人全面赋能品牌营销，众多品牌纷纷进入元宇宙的赛道，借助虚拟数字人构建虚拟场景，精准把握年轻人的需求。

3.2.2　虚拟数字人助力品牌玩转新营销

传统的品牌营销一直存在身份错位的问题，过于强调品牌 / 产品的自我标签，期望用户在强大的宣传攻势下接受品牌植入。这其实是一种对用户的不尊重，或者说是一种品牌与消费者不对等的对话方式。Z 世代的生活方式深受互联网技术和媒介环境影响，群体特征、消费观念和消费方式也发生了较大变迁，更追求个性化的多元体验。Z 世代新用户群体越来越难被取悦。品牌想要抢占 Z 世代用户更多注意力，只能在体验上求新求变。Z世代极具个性表达和思维主张的特点，使得品牌营销不得不转变思维，与Z世代平等对话，认可并支持他们的个性表达、多元爱好。

Z世代的消费者更容易接受新鲜事物，消费思维前卫，喜欢新潮、新奇的事物，注重个性化的消费体验，更期待产品的科技感、品质感。

百事可乐公司推出4位百事家族虚拟偶像，弱化百事可乐、百事可乐无糖、7喜、美年达单一产品形象输出，分别赋予他们"酷爽""超敢""有趣""鲜活"的人设标签，搭配蓝、黑、绿、橙等经典品牌色调，既贴近年轻用户的个性表达，也极力彰显潮流元素，成功打造出深受年轻用户喜爱的虚拟人物形象，大大消除了用户对品牌营销的抵触心理。

虚拟偶像不仅承载着百事可乐品牌展示，其深层次的营销落点在于百事可乐创造了多个可供年轻人选择的元宇宙虚拟探索者化身，他们寄托着年轻人现实生活中所有的美好憧憬，帮助年轻人在元宇宙中探索未知、创造未来，实现自我价值。多款百事可乐虚拟偶像的塑造契合了元宇宙新场景营销需求，串联起年轻用户从欣赏到体验再到互动的品牌传播路径。

Z世代不仅是时代的参与者，更是未来的引领者。在元宇宙中，百事可乐通过打造虚拟偶像为自己构建了"创世伙伴"的新身份，以平等的姿态成为与年轻人共赢未来的伙伴，帮助 Z 世代实现探索未知、创造可能的个性需求，拉近百事可乐与年轻人之间的距离。

当 70 后、80 后和部分 90 后还没有搞懂元宇宙是什么的时候，Z 世代已经开始理解并遵循其生存法则，他们将成为元宇宙的初世代，他们的需求将塑造未来。

在元宇宙火热的背景下，元宇宙 + 社交被看成是未来社交的新模式。

Z 世代强调圈层文化，会宣称"我和你是不是同一类人"。例如，都喜欢滑板或者都喜欢剧本杀的人就很容易成为好友，圈层文化是非常明显的。对于品牌而言，虚拟数字人形式的产品更容易被接纳，并引发二次传播。品牌打造虚拟偶像人设符号或者请受欢迎的虚拟偶像做代言人，让真实场景与虚拟形象相结合，为品牌发展赢得更多 Z 世代的青睐。

未来的社交元宇宙将是一个与现实平行、实时在线的虚拟世界，每个人在元宇宙中都有一个数字分身，使用各种工具创造属于自己的虚拟形象。人们凭借自己的数字分身，基于兴趣图谱或平台推荐，体验多种多样的沉浸式社交场景，在接近真实的体验中一起交流、娱乐，最终找到志同道合的伙伴。

未来，精神共鸣和思想交流显得越来越重要，认同成为一切事物的底层影响因素。在认同决定价值的基础上，创作成为展示一个人思想和灵魂的途径。创作者经济建立的不只是消费关系，更是价值认同。

3.3 为什么众多品牌投身虚拟数字人营销

虚拟数字人的热度吸引了众多玩家入局，百度、腾讯、网易等互联网巨头均已推出旗下的虚拟数字人。据天眼查数据显示，国内现有"虚拟人""数字人"的相关企业超过 38 万家，其中 2021 年新增注册此类企业近 18 万家，注册企业增速达 155.2%。

资本也疯狂涌入虚拟数字人领域。据统计，2021 年虚拟数字人相关企业融资共 2843 起，融资金额达 2540 亿元。仅 2022 年 1 月，虚拟数字人领域就完成了近百起融资，累计融资金额超过 4 亿元。

各大品牌为什么急于投身虚拟数字人营销？事实上，随着营销场景碎片化、多元化、流量触顶以及用户对品牌传统营销方式产生疲惫感，品牌与消费者的交互明显不足，传统意义上的内容营销开始逐渐失效。虚拟数字人打开了内容营销 4.0 的大门。能交互、有情感、会讲故事的虚拟数字人无疑将驱动内容营销的迭代和进化。

当前，企业在营销的内容载体、传播方式、交互方式、参与感以及互动性上长期未能实现突破，导致营销形态内卷化情况较为严重，营销成本高企（即营销成本居高不下，且有可能再升高）。在元宇宙盛行的当下，虚拟世界与现实世界的融合为品牌提供了全新的营销机遇。

品牌虚拟代言人正在成为品牌未来的最佳选择之一。随着 Z 世代人群的成长以及新生代的涌现，品牌虚拟代言人的选择更加多样，市场前景也更加广阔。

虚拟偶像、数字主播、智能助理……各种各样的虚拟数字人密集出现在传媒和营销领域。第一波"失业"的也许就是为品牌代言的明星们。凭借"不塌房"优势，虚拟数字人已经成为时下最受热捧的代言人。

虚拟数字人为品牌营销注入了新生力量。企业通过定制虚拟数字人复活企业 IP 形象，让虚拟数字人在虚拟发布会/虚拟直播等场景中扮演主持人、嘉宾、表演者等角色，与观众实时互动，与真人同台演出。相比于一个单调的平面形象，虚拟化的品牌 IP 形象更生动、鲜活，更能为品牌注入生命力。随着人工智能的发展，数字人从单向的虚拟偶像升级为能够与用户互动的虚拟主播和虚拟代言人。除美妆、快消品外，金融与汽车行业也在与虚拟数字人进行跨界合作。

为何越来越多的品牌开始选择与虚拟数字人合作？在营销层

面，虚拟数字人有哪些价值点？虚拟数字人可以渗透到企业经营的哪些场景？

偶像类的虚拟数字人的主要作用是圈粉和让人崇拜；而具有社交性和生活性的虚拟数字人则更加亲民，更容易融入人们的日常生活。基于品牌原型打造虚拟数字人，将品牌的精神、气质、调性等曾经只能让人想象和自行体会的东西具象化，赋予其更加多元、丰富的意义，让虚拟数字人在与人们的日常生活融合中展示品牌形象、价值主张等内容。

从品牌传播来看，虚拟数字人大多衍生于国风、二次元，选取虚拟数字人作为品牌代言人有助于突破圈层壁垒，帮助企业实现产品跨圈层传播。

随着各行各业逐步进军元宇宙，虚拟数字人越来越频繁地出现在大众视野中，从时尚品牌、文旅行业、车企再到互联网社交平台、虚拟主播，品牌打破次元壁与虚拟数字人合作已逐渐成为营销的新常态。作为未来元宇宙交互生态的重要部分，数字分身成为人们在元宇宙中的通行证和身份标识。虚拟数字人的市场需求和应用场景呈现快速增长的势头。不管是虚拟代言人还是虚拟偶像，虚拟数字人已成为品牌营销的发力点。

虚拟代言人是一种新的广告形式，不仅体现出品牌年轻、好玩、炫酷的形象，更能吸引年轻人的注意。品牌与虚拟代言人的合作形

式非常多元：既可以与成名的顶流虚拟数字人合作，也可以推出品牌自有虚拟数字人；既可以让虚拟数字人拍摄广告大片，也可以让虚拟数字人输出品牌内容。

以下是虚拟代言人十大营销应用场景。

（1）顶流品牌代言人。

按照年轻人的潮流审美打造的巴西裔美籍混血女孩 Lil Miquela 拥有小麦肤色和可爱的雀斑。她最初出现在 Ins 上的角色是模特兼音乐人。她在社交媒体上发布自己写的歌，分享生活的琐碎日常和恋爱日记，很快就成为 Ins 上坐拥百万粉丝的 IT girl。Lil Miquela 是当前最具影响力的虚拟数字人之一，与多家奢侈品牌合作过，包括 Fendi、Off-White 和 Prada 等。

Shudu Gram 是世界上第一位虚拟超模，曾出现在 Balmain、Ellesse、Louboutin 等品牌的广告活动中。Imma Gram 是来自日本的"虚拟影响力者"，合作品牌包括 Puma、华伦天奴、CK、保时捷、SK-2、宜家、梦龙、蒂芙尼等。国内首个超写实数字人 AYAYI 入职阿里，成为天猫超级品牌日的数字主理人，并与娇兰、伊利等有过合作。

这些虚拟数字人在社交媒体上与人类高度相似，可以像真人小红书博主一样打卡各种艺术展，其真实感加强了用户的沉浸式体验，也收获了各大品牌抛来的橄榄枝。

（2）明星的虚拟形象。

早在 2020 年，天猫就推出了代言人易烊千玺的个人虚拟形象"千喵"，并且在 App 端开启了一个虚拟空间。在这里，网友可以为他打榜应援、与他合影、互动聊天，让易烊千玺二次元属性的形象更加深入人心，平台也收获了一大波流量。

护肤彩妆品牌倩碧邀请演员高圆圆为全球代言人，并同步首创发布代言人虚拟形象，为消费者带来元宇宙新体验。倩碧的虚拟数字人用更具未来感的形式为大众呈现专业的护肤内容。

作为明星化身的高仿真虚拟数字人并不只是普通的代言这么简单，背后能引发一系列的新机遇和更多的场景表现，而不必局限于明星真身，例如全年无休的 24 小时互动应用、各种虚拟衍生品的产生等。

（3）品牌自产虚拟代言人。

雀巢咖啡推出宣传片，其中的女主角 ZOE 是雀巢官方原创的一位虚拟代言人。花西子的同名虚拟代言人花西子除了拍摄广告外，还专门开设了媒体社交账号。屈臣氏结合苏打汽水虚拟代言人 Imma 的形象特点，推出了赛博朋克风的全新 TVC 为新品造势。

奈雪的茶推出的虚拟数字人 NAYUKI 不仅是传统意义上的品牌代言人，还是数字藏品及潮玩产品，是一个真正产品化的虚拟代言人，充分释放了虚拟数字人的能量。

（4）拍摄广告大片的虚拟代言人。

日本新宿的 3D 巨型三花猫、韩国 Wave 裸眼大水缸等自带话题度的立体推广打破了人们对传统平面广告的审美疲劳。在广告创意和创新呈现方面，尤其是在与裸眼 3D 技术的融合方面，虚拟代言人发挥空间明显更大。

百度旗下的人工智能数字人希加加联手麦当劳登上裸眼 3D 大屏，与大屏下方的麦当劳店铺相映成趣，上演了一出备受瞩目的"吃汉堡的数字人"大戏，希加加也成为麦当劳产品首位虚拟推荐官。在裸眼 3D 广告中，希加加身处极具未来感的简约空间，逐步走向大屏幕前端。随后，希加加俯身看向楼下的麦当劳店铺，仿佛被汉堡浓郁的香味所吸引。为了顺利吃到汉堡，希加加释放出人工智能的能量，将汉堡变身为充满未来感的数字牛堡，实现了麦当劳产品与数字世界的融合，背后的赛博世界也呼之欲出。

（5）产出定制内容 IP 的虚拟代言人。

在元宇宙时代，虚拟数字人技术赋能海尔兄弟以 3D 全新形象重回短视频平台，引发当年的"小朋友"们的一片欢呼，积极分享他们在元宇宙智能家居生活中的点点滴滴。海尔兄弟依然在内容传播和社交互动上能巩固品牌"基盘",而且收获了大量的年轻粉丝和订单。

虚拟数字人除了能够抛头露面充当代言人,为品牌形象增值以外,还能发挥工具人的作用,在直播、主持、导购、服务等业务场景中大显身手。

(6)带货主播。

虚拟数字人是不可逆转的趋势,未来也会成为品牌营销的新高地。今年直播带货行业最具热度的话题就是虚拟数字人的集体"入侵"。

直播是企业及品牌获客、转化的重要渠道,也是虚拟数字人应用最广泛的领域。从日常用品到高端奢侈品,虚拟数字人适用于任何行业直播间视频录制。与真人主播相比,虚拟数字人主播不眠不休,不受时间和空间的限制,其直播形式也更让人耳目一新。

淘宝在直播MCN机构季度会议中,公布2022年直播营销三大发力方向,其中虚拟主播和3D场景成为平台新的驱动力。

越来越多的虚拟主播活跃在各大品牌直播间。尤其是每到夜半时分,在各大美妆品牌旗舰店的直播间,几乎都能看到虚拟主播的身影。完美日记引入了虚拟主播 Stella，自然堂、欧莱雅、花西子分别引入堂小美、欧小蜜、花小西，溪木源、薇诺娜等品牌也开始应用虚拟主播。

虚拟数字人可以长时间不知疲倦地直播，这是其最大的优势。现阶段，利用虚拟主播进行 24 小时直播能够提升直播间权重，为商家带来更多的收益。

（7）发布会主持人。

2022 年 1 月 5 日，广汽埃安联合度晓晓召开了一场新车发布会，让新车 AION LX PLUS 在"火星"着陆，突破次元壁。围绕"智行千里"主题，度晓晓对埃安各项性能亮点逐一解读，让原本枯燥的技术讲解变得生动有趣，也和元宇宙、火星体验联系在一起。

作为互联网的原住民，新一代年轻人对内容、体验要求极高，只有好玩、新潮，才能吸引这些消费"新贵"的注意力。

在 Z 世代的眼中，现实和虚拟并没有非常明显的界限，他们天然地对虚拟世界抱有更高的热情。元宇宙世界营造的沉浸式体验对年轻人具有足够的吸引力。当真实与虚拟同台、同框的那一刻，次元壁被打破。

（8）媒体虚拟主播。

全国两会和北京冬奥会期间，新华社、中央广播电视总台、科技日报社、工人日报社、长城新媒体集团等多家媒体借助虚拟主播播报新闻。这些虚拟主播不仅能用语音播报，还可以根据内容匹配动作、表情，甚至能用手语播报，为用户带来全新的体验。

国家广播电视总局发布的《广播电视和网络视听"十四五"科技发展规划》明确提出：推动虚拟主播广泛应用于新闻播报、天气预报、综艺科教等节目生产，创新节目形态，提高制播效率和智能化水平。

段子手朱广权与手语主播在线 PK 的视频曾引发热议，刚刚上线播放量就突破百万。视频中，朱广权用超快语速的顺口溜挑战一位手语主播的"手速"，而这位手语主播也凭过硬的专业能力轻松应战。事实上，这位手语主播不是真人，而是一位虚拟数字人。

（9）全能客服。

虚拟数字人在智能客服领域的应用已经非常广泛。随着技术的不断进展，智能客户也变得更为全能，更懂人的需求，能与用户进行更自然的互动。

22 岁、Z 世代美少女、活泼可爱是京东虚拟数字人客服芊言给人们的第一印象。她可以解决售前、售中、售后等各类咨询问题，例如商品咨询、价保、催单、取消订单、活动、资产、售后政策、金融等。芊言可以将表情、动作、口型、情感完美融合，提供操作类、应答类、闲聊类客户服务，动作、表达也更为逼真。

在人工智能技术的加持下，虚拟数字人甚至还能在工作中提供情感陪伴。例如，搭载了多模态人工智能技术的虚拟数字人不仅可以为人们提供信息，还可以提供关怀、陪伴，胜任健康顾问、理财顾问、心理咨询专家、健身教练等众多工作。

（10）核心员工。

除了应用于娱乐、时尚、直播、新闻等行业的人格化虚拟数字人之外，拥有实用价值的虚拟数字人还将越来越多地"入职"公司。

万科集团虚拟员工崔筱盼、华为公司虚拟员工云笙已经可以处理财务、管理、市场分析等复杂的工作。

万科集团董事会主席郁亮称，作为万科集团首位数字化员工，崔筱盼在系统算法的加持下很快学会了在流程和数据中发现问题的方法，以远高于人类千百倍的效率在各种预付、应收、逾期提醒及工作异常侦测中大显身手。而在其经过深度神经网络技术渲染的虚拟人物形象辅助下，崔筱盼催办的预付、应收、逾期单据核销率达到91.44%。

3.4　虚拟数字人如何为品牌营销赋能

2021 年 10 月 31 日，一个名为柳夜熙的账号在短视频平台发布了其第一部作品。在这条时长 2 分 8 秒的短视频里，虚拟数字人柳夜熙身着古装在镜前梳妆，而她身后则显然是身处三次元的围观路人。

故事就在这样充满科幻感的情景中展开，引发了巨大关注。其账号仅发布 3 条视频便涨粉近 800 万。柳夜熙到底是谁？她凭什么一夜之间就火遍全网？到底是谁在关注她？

3.4.1　如何抓住消费主流——Z世代

Z 世代作为数字原住民，是最孤独的一代。他们身上烙印着鲜明的时代特征：大部分是独生子女，缺少陪伴，高度依赖互联网，热爱新鲜事物，二次元、游戏电竞和偶像文化等要素成为 Z 世代群体的标志。

95 后、00 后逐渐成为消费主力，意味着新消费时代已经到来。艾瑞咨询数据显示，92.3% 的虚拟偶像爱好者年龄为 19 ～ 30 岁，Z 世代是其主要消费群体。Z 世代的身份意识、不断增强的个性化需求、对小众圈层文化的热情为虚拟偶像市场注入了源源不断的动力，虚拟偶像成为品牌连接年轻消费者的桥梁。

虚拟偶像所体现的二次元、游戏电竞和偶像文化正是 Z 世代最感兴趣的热点圈层。

当前线上流量红利消失，产品的同质化问题日渐凸显。品牌仅从产品本身出发，想要挖掘出足够的吸引力，往往有些力不从心。所以众多品牌纷纷选择被大部分年轻人所喜欢的虚拟偶像，并做出新的营销策略尝试。

目前，虚拟数字人在元宇宙虚拟世界的应用场景主要包括电商直播、虚拟偶像以及品牌营销。

企业通过打造个性化的专属虚拟数字人 IP，赋予虚拟偶像符合品牌调性的人设，将品牌进行虚拟人化，把诸多品牌不容易直接表达的精神、理念、文化等集中到一个虚拟偶像上，为品牌带来更多的附加价值和多元、多渠道使用的营销载体。

对于当下苦于流量增长停滞的品牌来说，虚拟数字人是新流量的增长点。虚拟数字人凭借独有的虚拟内容生产方式，更容易与年轻人产生情感连接，满足年轻人彰显自我的精神诉求，完成品牌年轻化更新。

在元宇宙，虚拟数字人 IP 是品牌与消费者对话的载体，其核心优势是不会翻车、成本低、利于品牌年轻化、营销玩法无限。目前，营销领域的虚拟数字人大多不能跟人交互，未来通过人工智能交互技术，虚拟数字人将变成品牌主理人，相当于每个品牌都有一个有表情、有动作的 Siri，24 小时与用户互动，能负责售前售后咨询乃至订单分配。品牌可以打造虚拟数字人IP并应用于品牌营销全流程，如代言、电商直播、发布会连线互动、内容种草等，形成品牌资产。

3.4.2　虚拟数字人+品牌为品牌营销全面赋能

现在，"虚拟数字人 + 品牌"的营销模式已辐射到车企、电商、快消品、美妆等行业，成为品牌对外营销传播的重要组成部分。越来越多的品牌开始尝试与虚拟数字人 IP 进行合作，希望带给消费者更多的体验和惊喜。

虚拟数字人契合品牌的年轻、高端、智能的气质，以短视频、海报、直播等传播方式与现实世界的粉丝实时交流，助力营销活动，拍电影，还能当客服，与用户交朋友，贴合品牌各种商业场景，在为品牌跨圈层传播助力的同时，也构建了与 Z 世代对话的新渠道。

百事可乐公司把虚拟偶像看成突破元宇宙的一个窗口，通过提炼旗下四大明星品牌——百事可乐、百事可乐无糖、美年达、7 喜的年轻潮流基因，以最经典的几款产品为设计原型，推出了 4 位容貌、性格各异的百事可乐虚拟偶像，并为这 4 位虚拟偶像举行了空前盛大的虚拟演唱会，圈粉无数。百事可乐公司希望以此构建品牌和年轻人前所未有的创新性对话路径，让这些虚拟偶像成为年轻人的"创世伙伴"，激发年轻人开启沉浸式元宇宙世界。

面对新一代互联网浪潮，各大品牌纷纷进入元宇宙赛道，通过输出虚拟偶像构建虚拟场景，更加精准地把握年轻人的需求。阅文集团旗下电竞小说《全职高手》男主角叶修一经虚拟化出道，依靠原小说赋予他的荣耀网游全职精通人设，就收获网文 IP 的大批粉丝群体，其生日直播间人气爆棚，迅速成为跨界代言明星，涵盖食品、快消品，甚至金融等领域，2019 年身价超过 10 亿元。

如今，虚拟数字人已经从简单的"纸片人"进化到更高精、更智能的虚拟形象，以虚拟体验官、虚拟偶像、虚拟代言人、虚拟主播等多样化的身份，以短视频 MV、海报、直播等传播方式与现实世界的粉丝实时交流，成为品牌创新发展、企业提质增效、构建新服务新体验以及新营销的重要支撑。

对品牌方而言，无论是直接与在过往成长中累积了一定信任和流量的头部虚拟数字人 IP 合作，还是根据消费者的诉求，结合品牌调性，孵化自身的虚拟数字人 IP，都会让品牌变得更酷、更年轻、更贴近消费者。各类品牌方通过虚拟技术应用增加营销路径，推出自主虚拟数字人 IP，借助当前虚拟偶像的流量增强品牌传播。在营销环节中，虚拟数字人能够结合场景随时随地调整，快速响应变化，配合品牌方达到最优的营销效果。

随着更多品牌对元宇宙营销加深理解并加大投入，元宇宙行业也势必会从最开始的猎奇心态转向需要具备 2C（To Customer，面向客户）的实际运营转化能力，从而实实在在地为品牌带来口碑和收益的双赢价值。

3.5 如何从DAO的角度重新定义数字分身

传播学者马歇尔·麦克卢汉（Marshall McLuhan）认为，人类社会将经历"部落化→非部落化→再部落化"的3次演化。这里的"部落"可以理解为现在常说的圈层。如果说PC互联网时代是圈层被打破、用户彼此互联的"非部落化"阶段，那么处于移动互联网后期的当下则呈现出很明显的"再部落化"趋势。数字化的人类生活在不同的平台、不同的社区中体现为关注不同博主、阅读不同的内容。"再部落化"趋势下的品牌方正面临着一个关乎生死的转折点：要么继续一味把钱砸给平台和KOL，换取高毛利、高销量、负利润的窘境；要么沉下心来，好好经营属于自己的私域天地，思考如何将公域广场和KOL们手中的流量汇集起来，形成品牌自有的资产和壁垒。如果运营得好，还可能改变用户心智，使自己的主页成为用户消费内容的新链路、新入口。这是品牌方在"再部落化"的大潮面前不可错过的一次防守兼进攻的策略转变机会。

3.5.1 元宇宙是虚拟世界的乌托邦

2021年11月中旬，世界顶级拍卖行苏富比将拍卖一份官方初版印刷的《美国宪法》，也是现存唯一一份掌握在私人收藏家手中的副本。诸多美国用户认为：该副本应当重新交到民众手中。于是，近 30 人的发起团队一起建立了 Constitution DAO，他们的目标只有一个——募资在拍卖中获得该副本。短短 6 天时间，Constitution DAO 众筹了超过 4000 万美元，事情的发展远超所有人想象。

以前或许人们对 DAO 的认知即持有者投票，但在这个事件之后，越来越多的人明白了 DAO 的初衷是将每一个具备共同爱好、共同目标的人聚在一起，共同成长或完成同一件事。

元宇宙作为媒介迭代的产物，本质上处理的还是人与人之间的连接问题。在元宇宙中，趣缘不再是将人们组织在一起的动力源，取而代之的是一个个自由且开放的源代码。在一个以开放源代码为支撑的社会中，当下互联网的内部自我消耗式困境有望被一种开放的、平等的、富有创造力和想象力的外部增长方案所化解。

在超真实的虚拟空间里，以数字孪生的方式生成现实生活的镜像，搭建细致、丰富的拟真场景，会让公众从以往倾向于单纯的视频、图片、音频等门槛较低的认知模式转化成感官上的全方位链接。换言之，元宇宙的传播模式已经不再追求平衡感官，而是整合感官。因此，从元宇宙的传播模式看，感官回归已经是可实现的未来图景。意义和知觉在元宇宙的加持下得以延伸，这已经超越了麦克卢汉提出的电子时代的"非部落化"特征，更加深刻地阐释了"再部落化"。

因此，元宇宙时代的社交将具有"再部落化"的特征。在进入元宇宙后，人们凭借兴趣和共识创建社交场景和生活社区，构建数字分身之间的公共生活，从而在虚拟世界形成无数部落。

3.5.2　什么是DAO

DAO是英文Decentralized Autonomous Organization的缩写，可译为去中心化自治组织。百度百科将DAO定义为一种全新的人类组织协同方式，是基于区块链核心理念（由达成同一个共识的群体自发产生的共创、共建、共治、共享的协同行为）衍生的一种组织形态。通俗地说，DAO是由计算机代码和程序控制，基于设定的智能合约自动完成治理的组织。

DAO是以互联网基础协议、区块链技术、人工智能、大数据、物联网等为底层技术支撑，以Token激励和协同治理为治理手段，拥有明确的共同目标，具备高度信任和高度共识、开放、平等、去中心化、公开透明、自动化特征的一种全新的组织形式，是数字协作的最佳实践和Web 3.0最基本的组织形式。

DAO是区块链时代分布式的通证社区组织，是建立在区块链基础上，用智能合约、通证激励、加密运算、链式账本、分布式加密技术、分布式节点等方式构成的去信任的（trustless）、协同开放的大规模分布式社区自组织。

简单地说，DAO就是区块链上去中心化的、自下而上的、开放的自治社区组织形式。而链组织则包含以下 3 种组织：自下而上的去中心化的 DAO 社区组织，自上而下的、中心化的决策组织，混合组成的多中心化的分布式组织。

区块链的本质在于一个人不需要相信任何人，区块链是基于机器信任而实现了"不需要信任人"的划时代技术。区块链技术的透明度和可靠性可以为社区组织建立共同的运营标准和合作方式，最大限度地降低信任成本和交易成本，以实现零边际成本社会。

区块链可以完成人类大规模信任和协作，不再限于公司固有的几十人、几百人、几千人的规模，通过智能合约和共识算法完成工作量或者贡献证明，可以不再人为发放工资，而是通过智能合约、通证激励自动完成各项奖励和激励。

例如，假设你和一群人合伙开一家咖啡厅。这家咖啡厅的日常经营、管理都是由人工智能机器人自动运营的。每个合伙人都有权提出为机器人设定程序的提案，例如，咖啡厅每天营业到什么时间，提供哪些品类的咖啡，如何定价，怎样进行促销打折活动，等等。只要提案被其他合伙人投票通过，机器人就会按照设定的程序自动执行。机器人还会用赚到的钱下单补货，预订清洁服务，自动支付场地租金。机器人的运行不需要任何人管理，完全依赖于事先编写好的代码。

DAO 不存在中心节点以及层级化的管理架构，而是通过自下而上的网络节点之间的交互、竞争与协作实现组织目标，是一个民主自治体系。各节点的业务往来遵循平等、自愿、互惠、互利的原则，由彼此的资源禀赋、互补优势和利益共赢所驱动。

在一个处于理想状态的 DAO 中，管理是代码化、程序化且自动化的，组织不再是金字塔式的而是分布式的，权力不再是中心化的而是去中心化的，由 NFT 对成员权益进行透明化的定义。在 DAO 中，所有成员都可以事先确定整个组织的行为准则，然后以智能合约的方式发布到区块链上。依赖于智能合约，DAO 的运行规则、参与者的职责权利以及奖惩机制等均公开透明，智能合约一旦发布就会持久运行，并且没有任何人能够私自篡改。在 DAO 的约束下，所有人的角色都必须符合组织的行为准则，否则就会被程序自动阻止，也就是所谓的"代码即法律"。除此以外，DAO 中的每个成员都平等地拥有角色的管理权，每个人都可以提出自己的想法，而且所有的想法都需要事先通过成员投票表决后才能正式执行，这就避免了传统组织形式上的一些固有风险。DAO 维护了元宇宙世界的公平，确保每个人都可以平等地参与各种数字经济活动。

DAO 的去中心化程度决定了其自由、开放的程度。DAO 的共识依赖于 DAO 发起时的愿景与价值观，具有相同价值观的参与者加入 DAO 并根据其治理规则作出贡献，良好运营的 DAO 能够激发参与者的主观能动性，投身到 DAO 的业务工作中，并获得相应的奖励。

DAO 的顺利运行需要满足哪些条件呢？

首先，设定一套 DAO 的运行规则，并将这些规则编码成智能合约。

其次，设定运行规则后，DAO 就进入众筹阶段。这个阶段相当关键。一方面，一个 DAO 必须有自己的资产或者代币用作组织活动的奖励；另一方面，投资 DAO 的人享有投票权，以影响该组织的运行。

再次，完成筹资后，DAO 就正式投入使用。从此刻开始，它就完全独立于其创始人和其他利益相关方，实现了开源，也就是说任何人都可以浏览这个 DAO 的代码。同时，DAO 中的所有规则和交易都会被记录在区块链上，以保证信息公开透明、不可篡改。

最后，在运营阶段，组织成员通过达成共识来决定如何使用 DAO 的资金。购买了权益（stake）的成员就能发起关乎组织未来的提议。但为了避免提议泛滥，每发起一个提议都要交一笔押金。接着，组织成员就会对提议进行投票。只有获得大多数人的支持，提议才能落地执行。具体投票通过比例可以在 DAO 的代码里设定。

从现实意义出发，DAO 更像一个成员自发组建的公开透明的社区，社区参与者拥有共同的目标，每位成员均有权参与组织的任何决策，所有成员共同决定组织的发展方向，社区贡献者可以获得相应的激励。

3.5.3 DAO改变了品牌与消费者的关系

DAO 是一种比较极端的去中心化的社区形态,可以把它理解成不追求利润和现金流的去中心化、分布式自治组织形态,是自下而上的分布式组织。极端去中心化的好处是可以公平、公正和公开,尤其在社区治理中讨论涉及公众利益的时候,需要更多的公众参与、发表意见,更需要去中心化的方法和社区组织。中心化强调的是效率,而去中心化强调的是公平。自上而下的中心化决策组织具有高维认知、高效决策、快速执行、速战速决等特点和优势,这是自下而上的 DAO 社区组织不具备的。例如,上新品时需要短时间内处理大量的数据,此时就需要用到中心化的处理方式。随着元宇宙的迅速发展,各种各样的 DAO 也开始走进人们的视野。DAO 可以分为投资型、服务型、治理型、社交型、收藏型、媒体型、激励项目成长型等。从营销的视角,本书重点关注社交型 DAO 和收藏型DAO。

社交型 DAO 关注的是建立具有更加多元化的链接的网络社区。社交型 DAO 与聊天社区最大的区别在于从利益关系上对成员进行了绑定,并且成员可以共同参与制定规则。社交型 DAO 的最终目的是聚拢一群具有相同兴趣的人,通过代币经济能够强化这种网络关系。例如,FWB 是一个拥有 2000 多个会员的私人俱乐部。加入这个俱乐部不仅要通过严格的身份审核,还需购买接近一万美元的代币作为门票。而当会员持有这些代币的同时，他也拥有了俱乐部的一部分，并且可以参与俱乐部的运营和决策。俱乐部也会经常举行线下的会员交流沙龙。

收藏型 DAO 的创立目标就是收藏数字艺术品，并把艺术家、爱好者、平台和作品黏合起来，创造数字艺术品的长期价值。其主要功能是：收藏具有长期价值的数字艺术品，孵化新锐数字艺术品艺术家，建立爱好者交流讨论平台，降低数字艺术品投资的门槛。目前收藏型 DAO 包括 WhaleDAO、MeetbitsDAO、PleasrDAO 等。

DAO 的基本原理让个体的数据流通过 DAO 实现了生产关系的赋能。品牌 DAO 能帮助消费者实现数字身份的有效构建，而消费者能帮助品牌 DAO 实现品牌文化的有效构建。用户可以通过社交媒体转发品牌的新闻，品牌 DAO 向用户授予"品牌推广大使"的身份，并为用户空投一枚权益 NFT，用户购买该品牌商品可享受 8 折优惠。例如，一个女生喜欢东方树叶这款饮料，就每天在社交平台（小红书、抖音或微信）发布相关内容，慢慢聚集了一大群喜欢这款饮料的人。这时如果该品牌向她颁发一个"数字令牌"，通过 NFT 给她收益，就形成了一个品牌共创、收益共享的增长正循环。

DAO 作为一种链上协同自治组织，以集体共识作为组织自治的意志体现。DAO 成员之间基于共识实现链上协同合作。这是天然的链上协议的交互场景，大量的链上协议交互提供了符号的传递与再生产的场景，DAO 提供了符号的生产空间，集体共识的符号生产进一步加强了符号的叙事逻辑，进而实现了更高的认同度。基于链上协议的交互是符号生产的主要动作，这正是 DAO 的活动特征，也正是品牌必须拥抱 DAO 的根本原因。

当品牌开始通过符号 NFT 和链上协议进行品牌 DAO 的运营管理时，不仅重构了品牌与消费者的社会身份关系，也获得了一个由消费者群体构成的 DAO 组织所连接的社交资源网络，该资源网络能够成为品牌的销售渠道。

3.5.4　DAO让大规模协作、共创共享成为可能

互联网让跨越企业边界的大规模协作成为可能。自发、自主、快速聚散的组织共同体大量出现，就形成了《未来是湿的》一书提出的"无组织的组织力量"。维基百科快速聚散的闪客以及围绕国外电视剧形成的字幕组都是如此。

2001 年 1 月 15 日，维基百科正式问世。根据团队原先的设想，维基百科可能要 10 年才能达到《大英百科全书》8 万词条的规模。而实际上仅用了 3 年，维基百科就突破了 10 万词条，并且仍以惊人的速度持续增长。20 多年来，维基百科吸引了全球无数的志愿者共同构建这座知识宝库。世界上任何一位网络用户都可能成为维基百科的编辑者，只要是维基百科的注册用户就有权撰写、修改和编辑词条，这使得维基百科的作者群在理论上是可以无限扩展的，全球各地的用户可以对某一领域的内容进行开放性互动、讨论和研

究，提出自己的见解。

维基百科在免责声明中表示："维基百科是由个人自愿组成的松散组织。"围绕社区内容的创建、监督和评估体系，维基百科已经建立了较为成熟的基于多层级权限分配机制的志愿者管理策略。被称为数字经济之父的唐·泰普特（Don Tapscott）将由维基百科社区衍生的经济命名为"维基经济"，它以开放、对等、共享以及全球运作4个新法则为基础，向人们展示了大规模协作如何改变一切。

字幕组是真正为大众服务的，他们以自组织的形式，把翻译工作扩大到前所未有的范围，基本涵盖电影、电视剧、纪录片、科教片、网络视频，更扩展到在线教育和网络学习这些更具有精英色彩的新媒体教育领域。每个人都可以按需取舍，这是从来没有的。2002年开始，美剧《老友记》的爱好者聚集在一起，通过网络建立了美剧字幕的鼻祖——F6论坛，并衍生出F6字幕组。后来，字幕组内部分工协作，渐渐演化，催生出TLF字幕组、YYeTs（2007年改名为人人影视）、伊甸园，以及后来的风软、破烂熊、悠悠鸟、圣城家园、飞鸟影苑等字幕组。

在从前，这些工作是由少数文化精英和专业人士做的。对比历史，字幕组是大规模的自组织"野生"翻译活动，凭借网络新媒体，在翻译的数量、多样性和传播的广度方面都达到了全新的高度。

为了把事情做好，人类总是将自己组织成群体、部落、小队、帮派、船员、团队、公司和其他形式的集体。然而，价值创造从来都不只是一小部分人的事，历史的经验告诉我们，发动所有人的力量共同创造，获得的价值将是十分巨大的。

自互联网出现以来，不少人只是聚集了一些同好，拉起一个社区，就能做出一些大公司都无法做到的事情。以社区为基础，分布协同创造价值的组织模式已经成为可能。中本聪没有注册一家公司，只是发了一份白皮书，贡献了一些代码，就让全世界人民自发地加入比特币世界。有人负责生产矿机，有人负责挖矿，有人负责开交易所，等等。大家没有拿中本聪一分钱，都是"自带干粮"把这个生态系统和基础设施搭建好。而中本聪早已人间蒸发，啥事都不管。

基于 Web 3.0 而发展起来的 DAO 为虚拟数字人打造了一个价值可循环的商业模型。虚拟数字人可以在这个去中心化的社区中，依靠所有成员共同的力量，源源不断地创造新的价值。

3.6 虚拟数字人展望

当我们还在好奇虚拟数字人未来的应用场景时，以柳夜熙为代表的一批虚拟数字人已经在各个社交平台上圈粉无数。不论是品牌营销还是人物偶像，抑或是商业推广，这些虚拟人物都已经进入人们的日常生活。超写实虚拟数字人在皮肤质感上能够做到对真人的高度还原，并且可以依据不同光影条件进行相应的模拟和渲染。与此同时，超写实虚拟数字人并不局限于简单的唱歌跳舞，而是拥有更为全面的功能，包括与真人互动。

虚拟数字人的真实感、交互性、多样性确实给人以源源不断的惊喜，他们不仅能站上舞台从事表演，还能拥有自己的短视频账号，走进网络社交平台与众人交流，甚至还可以现身网络直播间与真人搭档进行带货。不要小看虚拟数字人的带货能力，根据国盛证券研报显示，2021 年 11 月哔哩哔哩虚拟主播总收入达到 5466 万元，付费人数达到 25.5 万人。位居第一位的虚拟主播"珈乐 Carol"创下单月 214 万元的收入。坐拥 866.3 万粉丝的柳夜熙在最新发布的短视频里开始了广告植入，自此她的带货之路悄然开启。和真人 KOL 一样，虚拟数字人同样绕不开直播带货这一环，这也是他们实现 IP 商业价值最直观、有效的方式。

虚拟数字人会替代真人吗？答案我们先按下不表，但可以预见的是，虚拟数字人作为更好的"人"将发挥更大的数字基础优势，在商业化道路上越走越远。

3.6.1 虚拟数字人的打造途径

越来越多的品牌开始发现虚拟数字人的品牌营销价值，将虚拟数字人打造成虚拟偶像，等同于现实中的明星偶像，让虚拟偶像为品牌代言。于是品牌方越来越多地在虚拟数字人营销上加大投入，尤其是在 Web 3.0 浪潮、元宇宙风口以及疫情的大环境下，NFT、虚拟数字人等开始抢占传统明星代言人的市场，广告主针对虚拟数字人的营销玩法也是多种多样的：有的推出自有拟人化形象；有的邀请外部 IP 数字人代言、直播带货、定制联名产品、共创内容（歌曲、脱口秀、直播、短剧等）；也有的以赞助方式进行品牌植入，或邀请虚拟数字人出席品牌活动。可以看到，不管是虚拟代言人还是虚拟偶像，虚拟数字人已然成为品牌营销发力的新阵地。

当下，由于真人偶像、网红"翻车"事件频发，让品牌合作方头疼不已。相对而言，虚拟偶像的安全系数更高，商业可持续性更强。同时，塑造虚拟偶像、打造虚拟 IP 也解决了 MCN 公司对特定 IP 及偶像长期稳定持有的问题。品牌按照粉丝的喜好打造虚拟数字人，赋予它人物的性格和人设，将虚拟数字人打造成虚拟偶像，它不会说错话、做错事，还可以 24 小时不间断地跟粉丝互动。随着技术的升级迭代，虚拟数字人给粉丝带来的体验感越来越真实。

腾讯 NExT Studios 团队认为主流打造虚拟数字人 IP 的途径有如下几种：

（1）自带 IP 属性的明星。例如邓丽君、梅兰芳、威尔·史密斯等明星的数字复刻，运营思路其实就是明星的再现，是最具技术和产品挑战性的一种虚拟数字人形式。

（2）与真人联动的虚拟数字人 IP。此类 IP 运营方式会对运营方有更专业和更全局化的要求，一般都有传统的艺人经纪公司参与，主要以突破既有用户圈层、规避真人"塌房"风险等为核心诉求。

（3）基于成熟的 MCN 网红打造 IP。在此维度上，由于需要投入可观的技术费用，虚拟数字人必然处于劣势。

（4）基于故事、游戏虚拟世界创建的 IP。此类 IP 打造方式更符合传统 IP 的打造思路，从文字到平面、立体、动态，内容形式也从传统纸媒、多屏覆盖到新媒体的各个维度，属于高举高打的形式。整体投入巨大，只有持续创作高质量的内容才能不断吸引用户，形成真正的 IP。

（5）基于二次元形象而打造的虚拟数字人 IP。这类虚拟偶像虽然技术门槛低，但用户触达难度高，并非光靠砸钱堆人就能成功。

在品牌营销领域，虚拟代言人市场空间巨大，商业价值释放领域多元。众多科技公司借着元宇宙东风纷纷打造虚拟 IP。国内已经有一批落地的虚拟数字人：虚拟偶像苏小妹（蓝色光标），虚拟 up 主、虚拟 KOL 翎 Ling（次世文化），虚拟美妆达人柳夜熙、时尚博主 AYAYI、清华才女华智冰、以邓丽君为原型的虚拟歌手与真人对唱……

随着 5G、人工智能、增强现实、云渲染等技术的发展，各个赛道的虚拟数字人不断刷新着人们对现实世界的认知。借助元宇宙的风口，在各路资本巨头的加持下，虚拟数字人逐渐走进传媒、直播、娱乐、教育、金融等多个行业，并且以其独特的魅力吸粉无数。

3.6.2 虚拟数字人的市场前景

元宇宙未来的商业前景有多大？只要看看现在人们花了多少时间在手机App和游戏上面，就知道互联网下一站的元宇宙能有多大。

2017年以来，中国虚拟数字人市场一直保持高速增长。目前，核心市场规模在120亿元左右，预计到2025年将会激增至480亿元。到2030年，我国虚拟数字人的整体市场规模将达到2700亿元。随着元宇宙的兴起与虚拟数字人技术的成熟，不少品牌根据年轻一代的消费主张，推出了符合他们喜好的虚拟IP或KOL，例如花西子同名虚拟代言人、屈臣氏的屈晨曦、欧莱雅的欧爷、麦当劳的开心姐姐等，并从这些虚拟形象身上获得了巨大的影响力和商业流量。其中，身份型虚拟数字人（多用于社交、娱乐）将占据主导地位，总市场规模约1750亿元；服务型虚拟数字人（以功能性为主，替代真人服务）总市场规模超过950亿元。整个市场目前仍处于培育阶段。

虚拟数字人不仅可以打破以前所有的商业边界，不受时间、地点、技能的限制，让更多想象落到现实。同时，人工智能驱动的虚拟数字人还可以成为品牌内容的共创者，提升品牌内容生产效率与质量，为营销增长开创了巨大空间。各种增强现实技术和虚实交互模式将重塑实体产业内容资源的表现形式，升级传统产品和服务，为受众带来全新体验。

在现阶段，由于虚拟数字人的制作成本还相对较高，所以虚拟数字人的运营主体主要还是一些规模较大的企业主体。对应地，目前虚拟数字人的主要用途集中在虚拟演员、虚拟偶像、虚拟代言人等"高大上"的领域，其自身的 IP 属性非常突出。

随着技术的进一步发展和虚拟数字人制作成本的不断降低，更多去 IP 化的功能性虚拟数字人将随之出现。到这个阶段，虚拟数字人的应用将超出影视、演艺等行业，真正做到"飞入寻常百姓家"。也许用不了多久，很多需要与人进行交互的领域都可能出现虚拟数字人的身影。

一个普遍认可的共识是：未来生活在虚拟世界里的人远比地球上的人多得多。21 世纪末，世界总人口将达到 110 亿，而虚拟数字人的峰值会达到 10 倍以上，人们在其中生活、娱乐、社交，一派世外桃源的景象。

第 4 章

元宇宙营销之"场"

——从社区的视角重新定义虚拟场景

04

4.1　故事：元宇宙的一天

我醒了!

床头柜摆放着手机和 VR 眼镜，两个装备都可以进入我的元宇宙别墅。

为了抢时间，我直接打开手机，点开 App，看一眼别墅中的 Bella 是否健康，以及后院的苹果是否能够收获。Bella 是我在元宇宙中世界的宠物，已经 3 岁零 2 个月了。购买说明上说，它是边境牧羊犬和独角兽的混血儿。

Bella 还不能说话，但可以发文字聊天。文字聊天框显示："早上好，主人，今天我们去哪里玩？"

我用语音说："今天要去上班，你可以陪我一起去。"

我用手指触碰屏幕上的 Bella，场景画面显示我穿着睡衣的数字分身正在抚摸它。如果我此时身上有可穿戴设备，还能感受到它松软的毛发。

接着，我点开订餐界面，选择了麦当劳在元宇宙世界中开设的店铺，并订了某款正在打折的元宇宙早餐，包括虚拟食物和真实食物两部分。这个套装里有一份稀有款的汉堡包 NFT，立刻进入我的个人钱包中。订餐界面显示，送餐员已经在路上，真实的食物预计30 分钟内送达。

这时候，我去摘了两只苹果，然后将它们放到交易市场铸造成 NFT 并寄售。说起来复杂，其实很简单，我的数字分身此刻正在苹果树旁边，我只不过摁了几个按钮。红苹果几乎刚刚放进市场就被买走。

仍然躺在床上的我不由得纳闷：这帮人都不睡觉吗？怎么起得这么早？

突然聊天框提示我，苹果买家发起了一个语音通话。我接通，对方说的是英语，原来是外国买家。我对自己的英语还算自信，所以没有用人工智能同声翻译。

他说："你这个苹果有没有特殊功能，例如增加幸运值什么的？"

我回答："没有。"

他说："那你为什么卖那么贵？"

我回答："你为什么买？"

他说："我以为你标价那么高，有特殊功能，害怕被抢走，所以立马下单了。能不能退？"

我回答："你自己没有看清楚说明，不是我的问题。"

我果断结束语音通话，打开我的钱包，在通证账户一栏中，增加了好大一串数字。我粗略地换算了一下，好家伙，抵得上我一周的工资了！我不觉有些飘飘然。

"叮！"门铃和手机屏幕同时响了起来。屏幕中的虚拟快递小哥已经从直升机上下来，站到了别墅大门外。现实中的我下了床，走到公寓门边，听到外卖小哥在门外喊："你订的餐到了。"

送走外卖小哥，关掉手机屏幕，我先坐下来用早餐，一边吃东西，一边盘算着今天的行程。

用完早餐，离上班的时间还有 1 小时，我决定在楼下小花园散会儿步。元宇宙平台中的计步小游戏已经开启，我在现实中每走一步，都会被计算成游戏贡献，最后变成通证汇入我的账户。

等我散步回来，早餐花掉的费用已经靠散步赚回来了。

这时候，我来到书房改造成的专门工作间，穿戴上设备，开始了我的工作。我和我来自全球各地的同事共享一个海景办公室。窗外是泰国某处海湾的实时同步画面，阳光沙滩，感觉还不错。我们没有固定的工位，但是同部门的人喜欢聚在一起办公。我和数字分身是皮卡丘的同事闲聊了几句，允许他摸了摸 Bella，然后各自静心工作起来。

我的正式职位是高端宠物食品品牌玛氏宝路的数据分析师，每天只需要完成工作任务就可以下班。今天需要对我们公司新狗粮的两款外包装测试数据进行比较分析，并撰写分析报告。因为对这项工作已经驾轻就熟，我预计半天就能完美交差。

然而今天的工作比我想象的难度要大一些。原因是带有两款外包装设计的虚拟狗粮投放的测试场景差异过大，其中一款的主要投放场景中，虚拟宠物的主人标记地址多来自东亚地区，与主要面向欧洲市场的新品定位不符。在勉强完成分析报告后，我在最后一段做了重要建议：希望能够重新投放面向欧洲用户的体验场景，以达成数据比较的可靠性。然后，我将报告投递到品牌粉丝社区。在那里，品牌粉丝社区的意见领袖将会审阅我的报告。

如果他们重视我的报告，会在社区中发起投票决定我的建议是否被采纳。

当然，在我看来，这已经是明天要响应的工作了。我现在需要补充点能量。摘下头戴显示器，揉了揉眼睛，我走出房间。中午是我难得回归现实的一段时光，我准备开车去一家意大利餐厅犒劳自己。

用完午餐回到家，也是我的办公场地，我在想下午做点什么。通过网页浏览器入口，我进到了元宇宙世界的任务小组，浏览有什么新增的业务。

最终我接受了一个遛狗的兼职。这只狗的主人因为在现实世界中要出差，没有时间陪伴自己的虚拟宠物狗，所以发布了遛狗的任务。这个任务的报酬是一些通证和一袋虚拟宠物食品 NFT。我一看，包装上有大大的字体"玛氏宝路"，原来还是自家公司的产品。

虽然这个任务的报酬不高，但是比较轻松。按他的要求，只需要带宠物狗去指定场景玩大概两小时就可以，正好将 Bella 也一起遛了。

我也不需要去他的虚拟空间领狗，接下任务后，小狗通过传送门直接来到了我的虚拟别墅，和 Bella 站到了一起。两只宠物互相打量着，很是乖巧。

现在要带两只宠物去"户外",身上的衣服就显得过于正式了。打开我的虚拟衣柜,点开一套李宁牌的虚拟运动装扮。就选这件了。

我没有去过宠物狗主人指定的遛狗场地。在元宇宙地图上搜索了一下,与我的虚拟别墅有一定距离,需要用到传送门,这将消耗我一些通证。来到指定遛狗场地,原来是一个专门的宠物乐园,这里有宠物泳池、宠物滑梯、宠物主人的社交休息厅等。作为一家宠物食品公司的全职员工,我大吃一惊,以前竟然没有听说过这个宠物乐园场景。于是,我赶紧将消息编辑好,发到了公司社区,询问他们知不知道这里。

我在休息厅一边盯着两只宠物在乐园里嬉戏玩耍,一边和其他宠物主人聊天,氛围热闹极了。期间,我还和其中一位华人玩家互加了通讯地址。

…………

原谅我,朋友们。我降低了文学性要求,创作了这一篇文笔拙劣的小小说。这不是科幻故事,虽然其中涉及的元宇宙元素和场景存在生搬硬套之嫌,却也是实实在在地描绘了一个真实的元宇宙社会中的一天。故事中的宠物、品牌、数字分身、虚拟空间、互动体验、消费行为等构建了一个复杂多姿的生态场景和商业社会。面对这样看似科幻而实则即将成为现实的图景,我们将何去何从?如果将目光聚焦在更细微的领域,元宇宙将如何重塑商业以及人们的营销思维？

本章在接下来的内容中尝试给出回答。

4.2 营销之"场"——品牌角逐之地

从品牌方的角度看，聚集消费者是其永远的追求。从古都长安的东西市、乡村聚落的牛马市到城市中心的巨大商场，从口头故事、墙头布告栏、街头广告牌再到互联网上的论坛和社交平台，"场"具有场所和传播介质的双重结构，提供销售交换和信息告知双重功能。

在社交媒体和短视频兴起的时代，大量品牌方被迫迎接新挑战。它们刚刚掌握新方法和新思维，一场名为元宇宙营销的新浪潮又来了！随着传播媒介的变化和社会的发展，"场"加速发生变迁，而且面貌变化巨大。但营销之"场"本质未变，仍然是消费者获取商品与商品价值转化的地方。

在理解本质的基础上，接下来探讨元宇宙营销之"场"的变与不变。

4.2.1 从信息流、资金流、物流的变化看营销之"场"

信息流简单地说就是传递和展示的商业信息、商品信息。从

2G 时代到 5G 时代,信息载体的迭代改变了信息传递的容量、速度和形态,也为元宇宙发展提供了契机。表 4.1 为 2G 到 5G 时代网络的变化。

表4.1　2G到5G时代网络的变化

代	信息形式		理论网速	应　　用
2G	2D	文字	150kb/s	短信
3G		图片	1 ~ 6Mb/s	QQ
2G		视频	10 ~ 100Mb/s	网络会议
5G	3D	XR 场景	20Gb/s	元宇宙空间

资金流指企业经营流水、对账单等数据。区块链技术的发展促动了大量资产的数字化和通证化,这一变迁要求人们更重视数据隐私,同时降低信任风险,彻底变革资产流动性。

物流指商品从展示货架交付到客户的过程。区块链技术,智能合约的发展让数字资产得以在链上确权,完成多种所有权的转让和交易。随着虚拟空间、虚拟数字人等 3D 建模的引入,真正做到了虚拟商品层面的所见即所得、所见即所买。

4.2.2　从Decentraland看营销之"场"的新形态

随着信息流、资金流、物流的改变,营销之"场"的形态发生了很大变化。

本节以全球知名虚拟土地商 Decentraland 为例，看看信息流、资金流、物流的新形态。Decentraland 是一个建立在以太坊区块链上的虚拟平台，于 2020 年 2 月正式向公众开放，月活跃用户为 30 万人，日活跃用户数最高为 1.8 万人。Decentraland 的虚拟空间被分成了若干块有限的土地进行销售，并允许买家在有限空间内构建自己的 3D 空间和应用。用户可以在这里创造、旅行，并体验可穿戴道具。目前已经有众多品牌（如三星）和名人（如林俊杰）购买了虚拟土地。

1. Decentraland 的信息流

在虚拟空间中，人们对信息的质量要求越来越高，数量要求不断激增。信息的呈现形式将以 3D 为主，直接呈现到消费者或其数字分身上，实现所见即所得。

2. Decentraland 的资金流

Decentraland 的经济系统中至关重要的代币是 MANA 和 LAND。MANA 是一种加密货币，玩家可以在多个加密货币交易所对其进行自由交易。MANA 转移到玩家自己的钱包中以后，就可以在 Decentraland 市场上购买游戏中提供的各种东西。LAND 是代表游戏平台内虚拟地块所有权的代币，可以在区块链上确权和追踪，具备不可伪造的特性，这使得 Decentraland 的虚拟地块成为了货真价实的数字资产。LAND 和 MANA 之间可以相互转换，数字资产的价值得以传递和流通。

3. Decentraland 的物流

和通常的想象不一样，Decentraland 并没有传统游戏玩家战斗的环节。这是一个像素化的虚拟空间，购买土地的人可以使用平台提供的建造工具在上面进行建设，例如一家医院或一个公园。虚拟建筑也需要建筑材料、工具、装饰物等，居于虚拟地块上的人也需要虚拟的衣食住行。这些基础要素从生产、销售到使用的过程就是元宇宙世界虚拟空间内的一种物流表现形式。

Decentraland 是怎么解决虚拟商品流转的呢？该平台自建了一个市场，允许玩家购买和出售各种物品，如收藏品、可穿戴设备、建筑材料等。而玩家需要做的仅仅是连接钱包，点击下单。如果涉及实物销售，一般采用独立电商网站模式，即用户直接在商家嵌入虚拟空间中的独立电商网站下单。

虚拟空间可对消费者在活动中的数据偏好进行采集，例如，用户参与虚拟音乐会时更喜欢穿什么款式的虚拟衣服出席，在同一款式中更喜欢什么颜色，这些信息能够反馈到实际生产中，指导品牌方或工厂店提前为即将到来的某个大型音乐节加速线下物流。

在 Decentraland 等虚拟空间中，在社交层面，用户的数字分身之间可以面对面交流；在消费层面，消费者的数字分身可以直接在品牌方的虚拟店铺中进行售前咨询、试用、购买或解决售后问题；

在娱乐层面，音视频和 3D 结合的富媒体形式将为用户提供更多的娱乐选择……总之，信息变得既快速量大又多维立体。

表 4.2 为营销之"场"中信息流、资金流、物流的改变。

表4.2　营销之"场"中信息流、资金流、物流的改变

环　　境	信　息　流	资　金　流	物　　流
线下	快速、大量汇集	便捷	用户要等待
线上（电商时代）	复杂、多维、立体	可信、简单	高即得性
区块链 +3D+5G	既快速量大又多维立体	既便捷又可信	随时可得

Decentraland 提供了元宇宙场景具体的模板。在该平台中有一处公共的活动空间——假日大道（Festival Roads），如图 4.1 所示。

图 4.1　Decentraland 中的假日大道

假日大道是一个模仿好莱坞星光大道建设的虚拟街区，拥有十几个风格各异的舞台，用户或品牌方可以在此根据不同需求举办不同类型的活动。这个街区可以根据不同的活动内容更换场景装饰，如音乐会、开学礼、发布会。这个街区还有一个游乐场，用户可以体验摩天轮、飞行器，也可以乘坐小火车，增强了活动参与者的体验感和仪式感。

4.2.3　品牌方涉足元宇宙场景和营销的原因

当前阶段品牌方尝试元宇宙已经涌现了不少案例。这些品牌方的目的主要集中于获取流量、占领心智、促进销售转化 3 方面。

1. 坚持互联网流量思维

互联网营销追求的流量在哪里，品牌方就在哪里。到用户最多的平台，用最吸睛的内容转化用户，成了营销的基本共识，所以营销人员的工作重心也逐渐迁移到社交媒体、短视频、直播上。坚持互联网流量思维也是大量品牌方选择元宇宙场景和营销的原因。

Fortnite 是一款第三人称竞技游戏，中文名为《堡垒之夜》，目前全球拥有超过 3.5 亿个玩家。该游戏中的建造系统给了玩家无限的发展空间，被认为是该游戏成功的主要原因。该游戏以全球变暖、环境污染以及怪物入侵为背景，延伸出年轻人进入训练营学习跳伞、建造、武器使用和逃离恶劣空气等技能。玩家可以用搜集到的材料建造堡垒、攻城器械等，改造地形、组成防御战线或实现其他战术目标。

2020 年新冠肺炎疫情暴发，线下演出受阻，推动了在线演唱会的发展。《堡垒之夜》邀请到知名歌手特拉维斯·斯科特（Travis Scott）举办了第一场在线演唱会。该演唱会在 2020 年 4 月举行，活动高峰期吸引了 1230 万名观众。在活动结束后的几天里，仍有 2770 万名观众陆续登录《堡垒之夜》平台观看了演唱会。玩家还可以参加《堡垒之夜》的互动小游戏，解锁游戏中的一些物品，如头像、表情等。

除了《堡垒之夜》，还有号称元宇宙第一股的 Roblox。这是一个在线游戏平台，用户不仅可以在其中玩游戏，也可以开发自己的游戏。2020 年时，全球已有超过 1 亿活跃用户在 Roblox 上花费超过 10 亿小时。这一系列现象级产品的出现展现了一个事实：用户正在向元宇宙世界迁移。

面对流量重心的再一次迁移，品牌方不得不展开新的追逐战。但是，如果品牌方只是将元宇宙看成一种工具和手段，企图通过元宇宙尽可能地维持业已形成的流量优势，将会面对难以想象的冲击。

2. 占领用户心智，树立先锋品牌形象

心智可以概括为用户对企业、品牌、产品的惯性心理认知。例如，人们对星巴克咖啡的惯性心理认知是"有品质的国际咖啡品牌"，对京东的惯性心理认知是"有一定质量保证的快速购物平台"，对华为的惯性心理认知是"中国在全球具有技术领导力的国民品牌"，这些就是品牌在用户大脑中建立的心智。可以说心智对消费者的购买行为起着决定性作用。

不论采用何种形式的创意内容，品牌都需做出相关营销动作以缩短品牌与消费者之间的情感沟通距离，最终打动消费者。主要面向年轻消费群体的时尚、科技品牌倾向于打造引领者品牌形象，必然时刻以一种前卫的态度引领潮流，让消费者遵从品牌的意志。而带来新奇体验是树立品牌前卫形象的常用手段。

2021 年 5 月，Gucci 成立 100 周年之际在 Roblox 中创建了 Gucci Garden 互动场景。Gucci Garden 是一个由各种主题房间组成的游戏。当用户在这些房间里闲逛时，他们可以为自己的虚拟形象购买独家的虚拟 Gucci 物品。此外，用户还可以出售自己的数字服装。

国内新茶饮品牌奈雪的茶在成立 6 周年之际，为进一步筑牢品牌影响力，也实施了一波元宇宙营销组合。奈雪的茶通过视频号发布概念视频，宣布虚拟数字人 NAYUKI 正式成为品牌大使。在官微上，奈雪的茶直接打出"# 奶茶届进军元宇宙 #"这一标签，同时配套发售 NAYUKI 形象的数字藏品，试图在消费者心中将品牌塑造为进入元宇宙时代的新茶饮形象。

国潮品牌 HEA 近年来致力于发展新国潮，为打造潮流服装与年轻人之间的媒介持续发力。HEA 作为区块乐园元宇宙生态平台首个入驻品牌（图 4.2），与区块乐园联合发布"岭南醒狮"系列数字藏品：岭南醒狮人、岭南醒狮鼓、岭南醒狮槌。该系列数字藏品在区块乐园"岭南馆"公开展出。同时，购买数字藏品的用户还可将数字藏品分别作为皮肤或装置在区块乐园元宇宙生态平台中使用。

图 4.2　区块乐园元宇宙生态平台首个入驻品牌 HEA

元宇宙是一个新奇的热点，借助热点营销是一种常规选择。然而，品牌方要避免陷入一个误区：只是将元宇宙看成一种新奇营销的噱头。

3. 促进销售转化

沉浸感被认为是元宇宙虚拟空间最明显的特征之一，它改变了人与科技之间的传统互动方式。随着虚拟现实和增强现实技术的不断发展，越来越多的元宇宙技术开发商采用先进的渲染技术和物理引擎实现立体仿真、随时接入、低延迟、高沉浸的元宇宙空间。可以说，元宇宙正是为了满足人们对极致娱乐体验的要求而生的。

作为国内头部电商平台，京东在元宇宙电商方向上也做了许多尝试。京东和 51Meet 技术公司合作，以京东总部大楼实景为原型，采用数字孪生技术创建了超高清的京东元宇宙商城，如图 4.3 所示。整个空间分为两大功能区：一是以真实场景为模板打造的会场功能区；二是高度还原的商超功能区。

图 4.3　京东元宇宙商城

在京东元宇宙商城中，消费者能获得身临其境、丰富多元的购物体验。消费者可以全新的"上帝视角"推着购物车逛无人超市。

超市内各类设备一应俱全，有收银台、货架和品种丰富的货品。

麦肯锡咨询公司的研究指出，59% 的消费者更喜欢虚拟世界的购物体验。在普通电商平台上，商品的展示是二维的；但在京东元宇宙商城中，商品可以 360° 无死角展示，极大地提高了消费者的购买欲。

坚持互联网流量思维，以新奇体验占领用户心智，属于以传统思维面对新场景、以传统营销策划整合新手段的路径。面向未来，元宇宙营销需要在沉浸感和仪式感上发力，才能真正为品牌创造真金白银。

因此，元宇宙对于营销而言并不仅仅是尝鲜之举。随着元宇宙的发展，人们看到了新的组织模式、新的内容创作形态、新的消费者习惯，其表现为 DAO、创作者经济、NFT 虚拟商品等。这一切都预示着一场生产关系的大变革正在来临。只有深刻意识到营销环境的变化，提前做好布局，才能在未来讲好品牌故事。

4.3 元宇宙重塑营销之"场"

4.3.1 场景即服务

元宇宙从技术构成上可以理解为基于虚拟现实技术提供沉浸式

体验、基于数字孪生技术生成现实世界的镜像、基于区块链技术搭建经济体系，整合多种新技术而产生的新型虚实相融的互联网应用和社会形态。然而，这样的解读无助于从品牌营销角度理解元宇宙的适用性并指导品牌方开展实践工作，所以本节探讨元宇宙营销场景，引入"场景即服务"的理念。

1. 空间标准化

"场景即服务"首先应该包括提供多种尺寸的标准化空间，并支持用户对空间进行组合和拆分。空间购买者不需要编写代码即可快速部署，像搭建积木一样随心所欲地搭建自己的王国。图 4.4 为多种尺寸的标准地块。

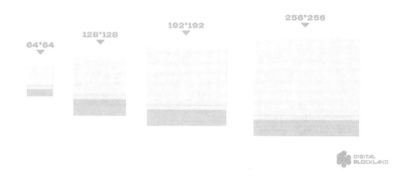

图 4.4　多种尺寸的标准地块

2. 数字分身

"场景即服务"允许用户利用数字分身变换身份形象进入不同的场景。用户既可以在不同场景拥有不同身份（图 4.5），对性别、种族、物种都可以进行更换；也可以以同一个身份在不同场景之间无缝切换，并且在不同场景中获得的虚拟资产可以累积和兼容使用。

（a）激光舞台场景中的数字分身

（b）橙色主题场景中的数字分身

图 4.5　不同场景中的数字分身

（c）庄园场景中的数字分身

图 4.5 （续）

3. 全新社交形式

"场景即服务"是为了满足数字分身在虚拟空间中多种形式的社交活动需求。人与人可跨终端、跨时区实现音视频交互，甚至可以实现包括触觉、嗅觉在内的五感交互。社交互动场景如图 4.6 所示。

图 4.6　社交互动场景

4. 创作者工具

"场景即服务"要求平台向场景使用者开放，并提供便利的创作工具（图 4.7），如可视化内容编辑器、专业的素材库和 SDK（软件开发工具包），最终构建一个创作者经济生态。

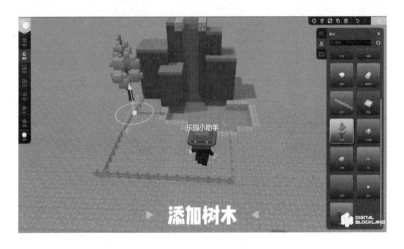

图 4.7　简单易用的创作工具

5. 虚拟资产可确权

"场景即服务"不能忽视区块链提供的确权服务。场景中所呈现的所有 3D 和非 3D 元素，小到虚拟衣服，大到空间本身，都可以在区块链上获得唯一编号、永久存证。区块链确保每份元素的唯一性、不可分割性以及不可篡改性。在元宇宙里的一切都变得有价值！

以国内的体素类代表性元宇宙平台区块乐园为例，它是一个可以在线实时互动、游戏、创作并创造价值，链接多元生态应用的元宇宙生态平台。区块乐园以 64×64 作为基础标准地块单位，有 128×128、192×192、256×256 等多种尺寸的标准化空间。在这里，用户可以自由定义虚拟身份，例如，在"暴龙世界"化身"御龙战士"，在"蟹园"变成"捕蟹精灵"，在"万乡千城"获取专属"村民"数字身份。用户可跨多端进入体验，并且可以多人联机、多场景无缝切换进行社交互动。区块乐园还配备地图、交互、模型和音乐内容编辑器以及多种低门槛、可联机协作的开源创作工具，实现用户自由创作。同时区块乐园元宇宙生产内容经过专业机构进行版权审核和网络出版，并在可信联盟链上链确权后成为可信资产，所有链上资产都有实际应用、流转场景。

简言之，场景即服务是集虚拟空间、数字分身、社交系统、创作者经济、区块链确权等在内的一套服务总称。几乎所有的元宇宙营销场景也是以此为基础构建的。

4.3.2 元宇宙的物理场景和心理场景

在以往的观点中，仅仅从技术实现去看元宇宙场景，似乎只是一堆技术搭建的一个虚拟空间，所以对元宇宙场景的描述只停留在其浅层的应用价值上。元宇宙作为一个世界，人们作为其中的参与者，势必有其自身的组织规则和行为规律。本书将元宇宙场景按照物理规则和心理规则拆解为物理场景和心理场景两部分。前者是由一个个 3D 元素组成的虚拟空间，已经被人们谈论过很多次了；后者指向新的组织形态——DAO，被本书首次引入元宇宙场景的分析结构中。

1. 物理场景

几乎所有虚拟空间的建设都遵循物理规则模拟现实世界的部分面貌。哪怕是体素类的元宇宙空间，人们也能很轻易地分辨出公园、学校、商超。可以将模拟物理空间的场景简单分为两类，分别为娱乐性场景和功能性场景。娱乐性场景旨在满足玩家的感官需求，愉悦身心，例如节目制作、约会社交、音乐会等场景；功能性场景主要用于满足用户切实的生产、生活所需，例如远程会诊、会议、教育、展览等，这一类场景虽然也重视用户的精神体验，但将实用性放在首要位置。图 4.8 和图 4.9 是功能性场景的两个例子。

图 4.8　某地产公司元宇宙企业展馆

图 4.8 （续）

图 4.9　华为企业培训——GTS-VR 哈佛课堂

　　具体而言，元宇宙虚拟空间为品牌方提供了 4 类营销场景：会议、展览、体验与互动、购买，成为品牌方和消费者关系中的重要节点，例如，品牌方通过会议或活动吸引消费者，通过游戏和互动体验促进销售，等等。

1）会议

元宇宙虚拟空间允许各类品牌方基于不同的产品类别和营销诉求选择不同的场景，召开发布会、媒体通风会、客户沟通会、渠道代理会议等。如果是面向企业主的 SaaS 产品，可以选择风格沉稳、装饰简约的商务会场；如果是面向年轻人群体的时尚品牌，可以选择色彩缤纷、充满酷炫装饰物和隐藏设置的游戏场。

网易瑶台是网易伏羲旗下沉浸式活动平台，其目标是为用户带来更具科技感、仪式感、身临其境般的在线活动体验。网易瑶台是国内标杆性的元宇宙项目，也可以视为网易夺取线上会议市场的一场试验。网易率先在集团内部使用该产品。2021 年 12 月，网易云音乐正式在港交所挂牌上市，线下仪式在杭州网易云音乐总部举行，线上仪式在网易瑶台举行。在这个仪式中，"丁磊 2021"虚拟形象身着黑色西装，佩戴网易云音乐徽章，代表网易敲锣宣告上市，如图 4.10 所示。

复刻线下真实活动场景，随心打造专属虚拟形象，提供多种趣味性交互形式，这就是以网易瑶台为代表的元宇宙对网络视频会议模式的冲击。

图 4.10 "丁磊 2021"虚拟形象出席网易云音乐港交所挂牌上市仪式

2）展览

如果会议是为了满足用户"听"的需求，那么用户"看"的需求大概就需要由各类艺术展、博览会、企业展厅等满足。

线上线下结合的展览形式受到广大潮流品牌的青睐，Burberry、Givenchy、Gucci 等头部品牌纷纷入局。2022 年 8 月，欧莱雅举办了内部路演活动 Big Bang Expo（欧莱雅美妆科技创造营），该活动的目的主要是帮助品牌与全球创新公司交流，已经连续举办多届。2022 年，欧莱雅首次引入了元宇宙模式——欧莱雅云展厅，如图 4.11 所示。

图 4.11　欧莱雅云展厅

访客进入欧莱雅云展厅页面后，首先映入眼帘的是 Big Bang Expo 项目展示区，可参观该项目 3 年来的成果与进展；走到两侧则是欧莱雅馆、东方美谷馆，可看到欧莱雅品牌在中国 25 年的发展历程，以及东方美谷在产业定位、区位优势及未来规划等方面的信息。

随后，访客可通过传送门进入虚拟演播厅，参与 Big Bang Expo 2022 启动仪式的远程直播，虚拟演播厅还提供了实时的文字交流、语音留言、动作展示、视频会议等互动社交功能，使访客获得身临其境的沉浸式感受和零距离的对接体验。

3）体验与互动

单纯的"听"与"看"在互联网时代其实已经解决了，如果元宇宙止于此，不会得到营销界的重视。它的独特之处在于可以设置游戏化的互动环节，让普通的会议、展览及其他单调场景更具沉浸感和仪式感，使用户获得亲身参与的在场感。

元宇宙虚拟空间场景中的体验与互动可以是产品试用、生产工艺观摩、互动小游戏等。因为元宇宙具有天然的游戏属性，提供丰富的交互体验和玩法是对它的基本要求，包括宠物跟随、道具使用、竞技比赛等。

雅诗兰黛参与元宇宙营销后，就在体验方面做了很多尝试。2022 年 3 月，雅诗兰黛首次赞助了元宇宙活动，成为 Decentraland 元宇宙时装周 (Metaverse Fashion Week) 的独家美容合作品牌。Decentraland 元宇宙时装周号称首个在链上元宇宙举行的大型虚拟时尚品牌周。

为了打造独特的虚拟美容体验，雅诗兰黛在元宇宙时装周的元宇宙场景中打造了可穿戴 NFT，该 NFT 的灵感来自雅诗兰黛经典产品——小棕瓶精华。用户的数字分身可步入虚拟的小棕瓶，解锁数字徽章，并获得一份限量 1 万套的可穿戴 NFT。

一旦用户的数字分身穿戴了该 NFT，数字化身就会渲染出小棕瓶精华带来的闪耀、明艳的面容。这种虚拟特效意在告诉用户，使用小棕瓶能带来面容的神奇变化，充分诠释了品牌方想表达的小棕瓶精华的本质。活动期间，用户仅需使用加密钱包登录即可。只要用户有意愿，可以一直保留该可穿戴 NFT。

元宇宙为体验美丽故事提供了新的可能性。雅诗兰黛集团总裁说："在元宇宙中接触和吸引新老客户是雅诗兰黛的一个关键时刻。"在元宇宙中给予用户体验和互动也是所有品牌的关键时刻。

4）购买

元宇宙营销场景如果只是宣传品牌理念，起不到直接销售作用，将来不会吸引更多中小品牌加入。让消费者行动起来，最终购买产品，是最需要建设的元宇宙营销场景。

由于元宇宙的兴起和 NFT 概念的引入，虚拟商品销售迎来了爆炸式增长。根据麦肯锡咨询公司的报告，全球 2021 年虚拟产品消费达到 1100 亿美元，其中 30% 用于虚拟时尚消费。虚拟潮流品牌 RTFKT 创立于 2020 年，所做的正是生产各类虚拟时尚产品，例如运动鞋、服装甚至是板砖。

这些虚拟时尚产品使用电子游戏引擎以及增强现实技术等进行设计,由于赶上 NFT 热潮,RTFKT 获利倍增。2022 年 2 月,RTFKT 与耐克合作,以经典款式 Dunk 鞋为原型,设计了一款赛博朋克风球鞋。灰色的原型鞋款加入耐克的标志,鞋面加上金属感装饰,仿佛给 Dunk 穿上了一层战甲。

消费者可以在原型鞋上进行个性化创作。玩家会得到一个虚拟染料瓶,只需要将虚拟染料瓶嵌入原型鞋的鞋舌中,原型鞋就会变化为不同的配色,最终生成专属的 NFT Dunk 鞋。该虚拟商品在官网的平均售价为 3 以太币,当时折合约 6 万元人民币。更换配色,则需额外花 1 以太币购买皮肤。RTFKT 还请来日本艺术家村上隆设计了一款配色,该款一度被市场炒到 185 万元人民币。

遵循物理规则的元宇宙空间为品牌方复现经典的营销场景提供了机会,基于会议、展览、体验与互动、购买 4 个环节,一个新型消费场悄然形成闭环。可以看到,物理场景具有多种优势:

(1)永不落幕,带来更多商机。元宇宙展馆轻松打破时间和空间的限制,让全球各地的用户齐聚虚拟空间,共同体验元宇宙互联万物的能力,从而节省旅费和布展成本,快速建立信任链。

(2)沉浸式体验是元宇宙对传统营销模式的改革。通过构建氛围感,复刻线下仪式,改变线上参观体验,完成从在线到在场的观感进化,直观获取商业信息。

（3）虚拟空间复刻操作减少了消费者教育成本。元宇宙助力企业突破传统消费者教育的限制，甚至鼓励专业用户通过编辑器自行制作元宇宙培训课程。

（4）除了虚拟商品，品牌方也期待实物商品能够借助元宇宙营销场景有新的突破。因体验之丰富，参与之深入，元宇宙营销之场为品牌和消费者互动提供更亲密的机会。通过区块链、人工智能技术的引入，互动数据能够反馈到品牌。品牌可以通过设置体验环节、提供互动活动洞察消费需求。

2. 心理场景

有学者认为，元宇宙是整合多种新技术而产生的新型虚实相融的互联网应用和社会形态。元宇宙场景不是对物理场景的照搬挪移，而是具备了新型社会形态的数字生活空间。那么，这套新型社会形态是什么样的？如何加以组织？这就不得不从 DAO 中找答案。DAO 是指一个围绕共同使命，通过区块链上的智能合约进行约束，共同创造价值并分配社区价值的分布式社区形态。

传统公司与 DAO 的比较如表 4.3 所示。

可以对 DAO 的规则特征进行归纳。在 DAO 中，不存在中心节点或层级化管理架构，它通过网络节点之间的交互、竞争与协作实现组织目标。节点与节点之间、节点与组织之间的业务往来不由传统的上下级关系决定，而是遵循平等自愿、互惠互利原则，由彼此的资源和利益共赢目标所驱动。一个理想状态的 DAO 需要具备以下 4 个特征：分布式和去中心化、自主性和自动化、透明化和有序性、智能化和通证化。

表4.3　传统公司与DAO的比较

传统公司	DAO
公司管理层治理	治理以投票为基础
决策由上级做出，下级执行	决策由成员共同决议做出
角色和责任固定	每个成员既是生产者又是受益者
雇佣条件决定利益分配方式	利益分配机制由智能合约规定
利润驱动	目标 / 使命驱动

1）分布式和去中心化

DAO 没有紧密的金字塔组织结构，而是去中心化的网状结构。任何决策都来自集体，而不是由高管层独立做出，如此一来，减少无效信息沟通就变得极为重要。决策一旦形成，规则的变更与执行是一步到位的。拥有一定数量的 DAO 原生代币的成员可以提出更改智能合约、提出倡议、投资想法等提案，从而推动 DAO 发展壮大。

社区规则由社区制定，不会被中心化组织控制，这对包括品牌方在内的传统组织构成了挑战。如何更平等地与消费者或用户交流，如何将品牌自身纳入社区网络节点并参与社区建设，最终让社区反哺品牌，是摆在品牌方面前的课题。

2）自主性和自动化

DAO 的组织规则由程序自主运行，由代码和合约保障确立。区块链技术保障了程序不受某一方的控制，组织成员基于程序设定的游戏规则进行协作。这种事前约束使 DAO 能在匿名等低信任的模式下形成组织。

因为 DAO 让低信任的双方能够快速达成共识，用户匿名性和跨国协作成为家常便饭。进而使 DAO 变得更为自由开放，用户可以为多个 DAO 工作，也可以随时退出。这种特性带来一个特别大的好处：DAO 间的资源流动比传统组织更加高效、频繁，行业间的信息沟通更为深入，创新和资源配置的速度随之加快。这无疑对品牌沟通效率和用户反馈机制提出了更高的要求。无法在未来快速和用户达成共识的品牌将面临淘汰的危机。

3）透明化和有序性

大部分 DAO 项目代码开源、议程开放，任何用户都可以获得 DAO 的全部信息。信息最大限度地透明，让任何人都能低门槛获取商业秘密，最大限度地激励了组织内部和组织间的竞争。而对于个体而言，能力强、责任感重的参与者将很快占据 DAO 的重要位置，主导业务的开展，个人能力和声誉的效用将被最大化。

DAO 打破了基于资历和部门的组织结构，实现了从垂直协同到平行协同的协作模式。信息透明和关键信息沉淀既是要求也是挑战。坚持将设计、生产到销售环节视作商业秘密，不到最后一刻不予公开的品牌方,将面对新型品牌的不断挑战。新型人才也不会选择传统品牌方作为自己发挥才能的平台。

4)智能化和通证化

DAO以基于区块链的通证经济为主要激励手段。通证是一种可流通的数字资产和权益证明,它代表持有者对权益权利、价值回报的所有权。一切可以数字化的权益证明,从身份证到学历文凭,从货币到卡券,都可以用通证代表。DAO的发起者、开发者以及其他利益相关者获得的主要收益为系统内流转的通证。

DAO的参与者一般也是通证持有人,DAO的通证化促使参与者与所有者的身份边界消失。除了作为共建者直接参与项目所获得的劳务报酬以外,通证持有者也能够共享组织发展带来的经济利益,而这种利益上的统一进一步强化了组织共识。可以预见,DAO将进一步消弭品牌方和用户、生产者和消费者的边界。在一个身份模糊的营销场景中,品牌方可能也需要考虑应用通证系统维系粉丝。

4.3.3 从FWB看DAO给元宇宙营销场景带来的变化

DAO为什么对品牌方重要?因为在元宇宙中,商品不稀缺,人群稀缺。以DAO为载体,品牌势必开启一场圈人大战,以及组织关系的大变革。我们通过典型案例,进一步理解DAO给元宇宙营销场景带来的变化。

FWB（Friends With Benefits）是一个在 Web 3.0 上创建的去中心化社区。FWB 的运营完全基于社交平台 Discord，类似国内的 QQ，其上聚集了一批加密领域的艺术家与思想者。想要加入这个社区，参与者需要持有一定量的原生代币 $FWB。在社交平台上，社区成员建立了多个交流频道，每天都有海量信息产生并被处理。社区成员可以通过在包含音乐、游戏、电影制作、市场信息到美食等多个领域的频道中接受和解决任务以获得代币。

对于那些渴望认识充满思想和前卫气息的艺术家、创始人的人，在社区投入得越多，收获越大。持有 1 $FWB 能阅读社区的博客；持有 5 $FWB 可获得不同城市分会的访问权；如果拥有 75 $FWB，可以访问项目所有的 Discord 频道，成为全球 DAO 社区的一员。简言之，拥有的 $FWB 越多，在 FWB 中拥有的权限越大。换句话说，想成为什么人，就加入什么人组成的圈子，以 FWB 为代表的 DAO 对加入志同道合的人组织的圈子进行明码标价。这个价格并不是高不可攀的，DAO 成员可以通过共建获得更多权益和社区声誉，例如分享见解、举办沙龙或派对以获得 $FWB。

FWB 已经成为区块链上最大的社区组织之一。它的成功可以简单归结为以下 3 点：

（1）社区设定了准入门槛。通过代币和社区权限的挂钩，一定程度上提高了社区质量，吸引了一群有共同文化爱好的真正共建者。

（2）线上与线下相结合，以城市拓展为切入点，聚集了大量的人气。接着让城市之间、话题之间实现联动，形成了一个引领全球风潮的 DAO。

（3）社区形成了鼓励输出深度内容的文化氛围。FWB 社区内的子社区非常多，话题范围广，涉及多个国家及行业，也产生了许多 KOL，他们的观点和许多有价值的内容被社区筛选出来，进而吸引更多的人群。

相比其他类型的 DAO，社交 DAO 项目更关注社会资源聚合而非金融资本，对于品牌方运营粉丝社区更具有参考意义。社交 DAO 的涌现，表明一种强大的新型社会组织形式正成为趋势。虽然代表性组织 FWB 目前还处于起步阶段，是否能持续良好地运作尚需时间验证。但其每一步探索都为品牌制定未来与消费者打交道的模式提供了借鉴。将志同道合的人（热爱品牌的忠实粉丝）聚集在线上社区中，以品牌发行的通证进行协调，共同创建一个有价值的社区——分享品牌故事，举办新品发布会，粉丝以其参与贡献的深度获得更广泛的品牌社区权限，甚至参与到品牌战略和产品策划设计工作中去。

简单总结，通过从物理规则、心理规则两个层面解构作为元宇宙营销之"场"的场景，以及对"场景即服务"的解读，可以勾勒出人与品牌基于元宇宙场景互动的基础结构，如图 4.12 所示。

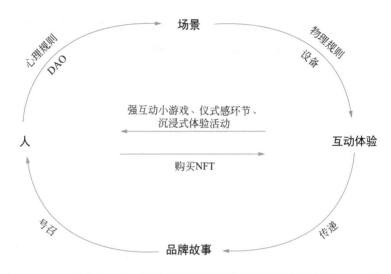

图 4.12　人与品牌基于元宇宙场景互动的基础结构

　　人与品牌的互动是在物理场景和心理场景两种新型场景中共同组织起来的，两种场景缺一不可。它们为品牌向消费者传递品牌故事提供了互动体验的基础，例如，人们可以在场景中进行充满仪式感的环节和沉浸式的活动、购买虚拟商品 NFT 等。深得人心的品牌故事和主张进而又能号召人们采取行动，购买品牌虚拟商品 NFT，参与品牌的 DAO 组织，影响更多的人。

4.4　将"人"与"货"植入"场"中

　　本节主要探讨如何把作为元宇宙营销之"货"的代表——虚拟商品和作为"人"的代表——虚拟数字人植入元宇宙场景中，并讨论两个对于元宇宙营销顺利运转极为关键的词：流量、确权。

4.4.1 将"人"植入"场"中

1992 年，Neal Stephenson 的科幻小说《雪崩》中提出了 Avatar 两个概念。Avatar 是天神化身的意思，如今被广泛应用于游戏或聊天室中，成为用户个人虚拟形象和身份的代名词。2009 年上映的科幻电影《阿凡达》，英文名即 Avatar，演绎了人类分身降临异星的故事。

本书把 Avatar 翻译为数字分身，以数字分身为载体的虚拟形象实际上是一种个性化的自我表达。人们在遭遇"理想很丰满，现实很骨感"的现实困境后，往往期待换个世界、换个身份，以弥补人生缺失与遗憾。元宇宙数字分身的概念满足了人们这样的诉求，一个人可以拥有无数个数字分身，任意表达自己的身份、欲望、情感和人格。数字分身及衍生需求如图 4.13 所示。

随着 3D 建模、渲染引擎、人工智能等技术的发展，定制私人虚拟形象变成了元宇宙平台的标配。捏脸师甚至一度被调侃为未来工作。玩家通过设备进入虚拟场景中，首先匹配和创造自己的数字分身，然后操控自己的数字分身进行社交、消费、娱乐甚至生产。因为各国监管模式的不同，对虚拟身份和现实身份之间的关系的要求略有区别，可能是前台匿名、后台实名，也可能是前后台都匿名。

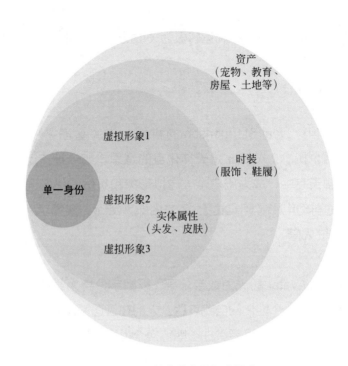

图 4.13　数字分身及衍生需求

1. 有人的地方就有流量

一夜之间虚拟偶像大火，背后的年轻粉丝群体对于品牌来说有着巨大的吸引力。粉丝过去追的是真人明星，现在追的是那些二次元或三次元的虚拟明星。粉丝追什么，品牌方就紧跟什么。虽然我们一直都在说流量时代行将终结，但是人们却无法抗拒对流量的好感。于是乎，所有的营销动作都围绕着流量展开。元宇宙的出现点燃了人们的热情，很多人认为，元宇宙将会终结流量为王的时代，带领品牌方进入一个全新的营销时代。

目前来看，元宇宙营销延续的还是互联网一贯的做法，即寻找流量——将人从线下往线上转移。不同于互联网时代仅仅转移个人兴趣爱好和少量隐私，在元宇宙中转移了个人隐私的方方面面，甚至再造了一个数字分身。

这种流量转移大致分为两类。一类流量转移是将现有线下的活动搬到线上，用最新的技术给用户带来最接近真实的体验，例如元宇宙会议、虚拟购物等。在元宇宙商城里购买衣服时，数字分身可以先试穿虚拟衣服，确认满意后下单，便能在家里收到和虚拟衣服同款式的实体衣服。这类听上去很酷的方式本质上都是渠道转移，将冲击现有的线下商业模式。另一类流量转移是在元宇宙中做现实生活中难以做到甚至完全不可能的事，例如变成一个精灵在虚拟空间中社交、游戏。一个人一天的时间是有限的，这类需求的出现将导致线上和线下时间的重新分配。随着人越来越沉浸元宇宙，人的时间逐渐转到线上，直至完全生活在虚拟世界里。这种转变将会催生大量以往所不具有的虚拟需求。

2. 人在开放的元宇宙中承担的角色

人在开放的元宇宙中承担的角色如表 4.4 所示。

表4.4　人在开放的元宇宙中承担的角色

元　宇　宙	角　色
创作元宇宙	建筑师、视觉效果师、游戏设计师、时装设计师
游戏元宇宙	教练、陪练、玩家、收藏家、公会经理

续表

元 宇 宙	角 色
探索元宇宙	导游、动画师、主持人、策展人
商业元宇宙	数字工人、地主、NFT 零售商、房地产中介机构
社区元宇宙	心理咨询师、活动组织者、会议服务商、票务零售商、意见领袖

元宇宙空间的数字分身未来将有机会成为新的消费主体。作为创作者角色的数字分身可能有教育培训和展示宣传自己的作品的消费需求；作为游戏参与者角色的数字分身可能不仅要为游戏道具付费，而且要为游戏陪练付费；作为商业社区一分子的数字分身要参与到项目的具体工作中，并按劳获酬，未来甚至该部分的收益足以替代现实工作的收益……因为人在元宇宙承担的角色不同，品牌在进行价值转化时要考虑到相应的互动和体验活动的差异，在未来做到因数字分身而异的营销。

4.4.2 将"货"植入"场"中

要回答虚拟商品如何植入"场"中的问题，首先需要理解区块链语境下的确权一词。

在传统的农业、工业经济体系中，价格的基础是供给和需求的关系，稀缺性成为决定价格的关键。在互联网时代，信息的传播速度更为快捷，信息复制的边际成本几乎为零，但无论是创作者还是平台方都遭遇确权难题，版权保护一直是中心化信息内容平台的重要工作。确权难题使得信息使用者并不一定为此付费，信息生产者因为难以从信息使用者手中获得报酬而挫伤创作积极性。

区块链和元宇宙技术的出现为什么让许多创作者兴奋？一大原因就是它给出了新的确权方式：元宇宙平台可以借助 NFT 等区块链技术为每一份资料、虚拟物品都打上独有的标识。每一个 NFT 都不能被替代，不能再拆分，就像人们的身份证由一串数字代表一个人的信息一样。一个 NFT 就代表一个数字资产或虚拟商品的所有权。

在元宇宙世界中，来自全球的玩家共同搭建了各种文化和 IP 背景的场景，玩家可以进行游戏、交互、展示甚至交易。元宇宙里每一个角色都需要被玩家创造出来。每个玩家也可以创造属于自己的角色和物品。

在区块乐园中，物品有以下 4 个基本属性：

（1）装置。可任意放置于个人空间有效范围内，用于个人空间的装饰以及藏品鉴赏。

（2）载具。可在元宇宙空间有效范围内驾驶或使用，不限于汽车等交通工具，还可以是飞船、火箭等。

（3）宠物。可跟随数字分身在元宇宙空间有效范围内移动。

（4）皮肤。包括用于数字分身角色装扮和穿戴的人物皮肤以及用于更换个人空间主题和场景的空间皮肤。

物品的这 4 种基本属性如图 4.14 所示。在元宇宙中创造的每一个角色、物品甚至场景，在区块链的加持下都可以成为允许被交易的 NFT，都有其使用价值，因而完全可以被称为商品。

图 4.14　区块乐园中物品的基本属性

4.4.3　价值转化

有人说：虚拟数字人和虚拟商品作为数字资产是开启元宇宙的钥匙。

随着技术奇点的临近，数字化世界将达到前所未有的复杂程度，在想象力与技术的推动下，生活和艺术全面融合，人类终将挣脱现实世界的束缚,进入元宇宙时代。虚拟数字人和虚拟商品纷纷进入元宇宙,随着"人"与"货"在数量上的积累以及流通的增加,场景生态势必变得日益丰富,最终引发质变。如何理解其价值转化,需要我们进一步审视。

1. 承载数字资产是元宇宙的核心

元宇宙数字资产的主要形式就是 NFT 化的虚拟数字人和虚拟商品。它们在区块链上运行,存储了用户各方面的重要数据,包括消费习惯、个人资产、隐私数据、身份认证信息等,甚至能将用户在现实世界中的所有行为映射到虚拟世界。通过数字资产将个人信息集成,进行数字化并存储于区块链上,随着元宇宙场景中涌入大量用户,这个虚拟世界将变得和现实世界一样重要。可以说,虚拟数字人和虚拟商品等数字资产是元宇宙的基础设施。

2. 数字资产让元宇宙成为有价值的虚拟世界

数字资产通过区块链 NFT 技术赋予包括虚拟数字人和虚拟商品在内的万物以价值,从而打破虚拟世界与现实世界的边界。如果没有 NFT,元宇宙就只是可沉浸式体验的网络游戏,玩家在元宇宙中拥有的任何东西都只是游戏泡影,即便是花大价钱买的道具、装备,也只是看起来像自己的,而不是真正为自己所有。

首先,虚拟数字人让元宇宙场景中的行为变得有价值。人们可以选择在元宇宙中工作,如帮别人完成某种创作,或者自己创造一些有价值的东西。如果一个人有非常好的口才,可以在元宇宙中做

导游和活动主持人，并以此获得劳务报酬；如果一个人完成的是某个虚拟作品，例如创作了一幅优秀的画，也可以跟现实世界中一样进行交易。这一切首先要求一个行为主体在元宇宙中被认可，就像人们在现实世界中的社会身份被认可一样。

其次，虚拟物品有了稀缺价值。在以往的网络游戏中，虽然物品、道具也可以拿来卖钱，但是这些物品或道具原则上可以无限量发放。元宇宙场景中的虚拟物品因为被赋予了 NFT 属性，可以确保每件物品数量固定，且都是独一无二的。就像地球的矿藏，总量是确定的，只会越挖越少，因此价值得到保证。同理，虚拟物品的稀缺性得以保证，其价值就变得真实。

换句话说，作为内容的一部分，虚拟数字人和虚拟商品让元宇宙变得真正有价值。

3. 元宇宙为人与货的流通提供了丰富的应用场景

在文物文玩、艺术作品、表情头像、动漫形象、游戏人物、戏曲音乐体育明星等多个领域已经诞生了大量虚拟商品或数字作品。随着以游戏、社交、办公等为应用方向的元宇宙场景的发展，更多的虚拟商品将会诞生。随着场景的转换，虚拟数字人和虚拟商品将会跨场景流通，甚至跨平台使用，展现出更大的实用价值。

元宇宙平台也会加速建立丰富的场景和生态，在提供游戏、社交、交易等功能的基础上，给予用户自主权，打造创作者经济，简化用户创作和上传内容的工作，并为用户创作的内容提供广告宣传、内容分发、交易结算等服务，从而形成用户为用户服务，平台优质内容自然增长的局面。几乎所有的元宇宙平台都允许用户之间自由交易数字资产，而不需要第三方参与。这样，场景的丰富性将加速虚拟数字人与虚拟商品的流通。

4. P2E 的新模式和新价值

P2E 是 Play to Earn 的缩写，在国内经常被翻译为"边玩边赚"。P2E 作为一种游戏模式本身并不新鲜，本质上是为游戏玩家提供金钱激励，以吸引玩家投入更多的时间和精力。随着区块链、元宇宙的介入，"边玩边赚"变得更具诱惑力。因为玩家可以深度参与元宇宙游戏中的金融、经济活动，并以其贡献的价值而获得奖励。作为奖励的通证或 NFT 本身具有极强的稀缺性和流通能力。

Axie Infinity 是一款建立在区块链上的策略游戏，曾在不到一个月的时间内创下收入超过 3 亿美元的纪录。在委内瑞拉，通货膨胀让该国法定货币价值很低，游戏货币反而更稳定，所以区块链游戏 Axie Infinity 在该国异常受欢迎。那里的人原本找不到稳定工作，玩 P2E 模式的游戏反而为他们提供了可靠的收入。当地人通过玩游戏可以摆脱日常生活的劳累，还可以获得高于当地最低生活标准的收入。对于劳动力充足但岗位极度缺乏的市场来说，这不失为一种就业模式。

过去，玩游戏被认为是不务正业，靠玩游戏赚钱形同痴人说梦。

但是，随着传统的生活方式被元宇宙等数字技术加速改造，社会生产关系加速变化，越来越多的观念被改变。今天，在"虚"度时光中实现个人价值成为现实。

知名传播学者喻国明认为，如果将互联网分为上下半场，互联网的"上半场"解决的核心问题是任何人在任何地点、任何时间与任何人进行连接与沟通；而互联网发展的"下半场"解决的关键问题是任何人在任何地点、任何时间与任何人做任何事的社会实践的场景构建。尽管虚拟数字人、虚拟商品、元宇宙场景相互作用促成了价值转化，谁也离不开谁，但场景依然要摆放在关键位置，它的存在给了"人"与"货"参与社会和商业活动的意义。这就像衣服古已有之，但百货商场出现后，衣服作为标准商品才开始流入千家万户。

4.5　流转比流量更重要

互联网营销崇尚的是流量，无论巨头还是初创品牌都希望抢占和控制流量。为此产生了许多营销术语，如信息流广告、视觉经济、私域公域。但随着垄断的形成，流量逐渐向头部平台集中，流量不再是一个美丽的故事，而是需要真金白银的流水支撑，花钱"砸"流量成了必选项，也成了企业主挥之不去的痛。人们看到："人"——品牌营销的流量成本、获客成本高企（即获客成本居高不下，且有

可能再升高);"货"——电商进入红海市场，商品同质化竞争严重，直播带货开始博眼球、博线下、博低价，再难突破品质 ;"场"——信息传播和商品交换的平台被大厂把持，封号限流成了家常便饭。

如果继续坚持互联网流量思维，以传统思维对待新场景，以传统的营销策划整合新手段，品牌方将难以走出"人、货、场"三者积弊深重、相互叠置的怪圈。与其负重前行，不如轻装上阵，面向未来，元宇宙营销要讲好自己的故事。此前已经介绍过Decentraland，The Sandbox（沙盒）是与它类似的元宇宙平台。本节将通过对 The Sandbox 的分析，探寻营销与元宇宙场景的结合点，给品牌以新空间。

The Sandbox 频频受到品牌的青睐，它在 2022 年上半年与部分品牌合作计划如表 4.5 所示。

表4.5　The Sandbox在2022年上半年与部分品牌合作计划

时　　间	合作品牌	计　　划
2022 年 1 月	华纳音乐	在 The Sandbox 上开辟一块新的土地，建设一个音乐主题世界
2022 年 2 月	育碧	育碧旗下的《疯狂兔子》游戏加入 The Sandbox，玩家能够在土地上使用《疯狂兔子》中的角色和道具
2022 年 4 月	港铁公司	港铁公司成为首个进驻 The Sandbox 的元宇宙交通运营商，为游戏创建铁路主题的虚拟场景

续表

时 间	合作品牌	计 划
2022 年 4 月	香港海洋公园	香港海洋公园将在 The Sandbox 上建设元宇宙海洋公园，提供特色内容和产品
2022 年 5 月	家乐福	家乐福在 The Sandbox 上购买了编号为 33147 的一块土地
2022 年 6 月	狮门影业	狮门影业将以电影为主题建设场景，为电影粉丝创作全新的观影互动体验

目前已经有 60 多家国际知名公司与 The Sandbox 建立了合作关系，包括汇丰银行、Adidas Originals 等众多知名 IP 正在元宇宙世界中建设符合自身业务发展需要的场景。我们看到，从一块块虚拟土地出发，传统品牌方和企业正在虚拟世界中搭建现实生活中存在的一切——交通要道、公园、超市、音乐、影视等，唯恐落后一步。那么，为什么 The Sandbox 对众多品牌具有如此吸引力？

4.5.1　从The Sandbox看元宇宙平台的吸引力

The Sandbox 是一款建立在区块链上的沙盒游戏。这类游戏的特点就是没有关卡或主线情节的设置，充分允许玩家在游戏中自由探索与创造，利用游戏中提供的道具搭建属于自己的东西，从而体验成就感。从画面风格来看，许多成年人会觉得 The Sandbox 稍显幼稚，这是一个由积木堆积的世界，比起现实更像是马赛克动画。在 The Sandbox 上，有超过十万块具有唯一性的土地，每一块土地都由一个用户拥有。土地为个人和企业提供了广泛的空间探索性。用户在上面不仅可以玩游戏，还可以与来自世界各地的朋友一起种菜、读书、聊天。The SandBox 为用户及创作者提供了一系列容易上手的工具，助力用户生成的内容（UGC）快速进入元宇宙，并得到使用和流通。创作者可以将其设计的游戏道具卖给开发者，开发者可以推广自己的游戏项目，从而吸引更多玩家加入到元宇宙世界中。

所以说，The Sandbox 不是一个游戏，而是一个元宇宙平台。那么，这个平台包括什么呢？它主要包括两大部分：内容生态和经济系统。

1. 内容生态

The Sandbox 由 PGC 和 UGC 两部分构成。

PGC 是 Professional Generated Content，即专业生产内容。元宇宙空间中的部分游戏由 The Sandbox 官方制作发行，仅占整体游戏发行总量的很小部分。

UGC 是来自互联网的概念 User Generated Content，也就是用户生成内容，即用户将自己原创的内容通过互联网平台进行展示或者提供给其他用户使用。UGC 模式可以极大地降低平台运营成本，提高内容多元性。The Sandbox 主要提供了两款 UGC 工具，一款是针对模型创作者的模型编辑器，另一款是针对游戏开发者的游戏开发器。

1）模型编辑器

模型就是用三维体素方块堆叠起来的元素，如图 4.15 所示。The Sandbox 提供的模型编辑器叫 VoxEdit，它就是创建这种游戏元素的工具。使用这个工具，模型创作者可以创建和元宇宙世界相关的任意组件。The Sandbox 允许创作者将其创建的模型放到公开市场上出售以获取利益。大部分模型会流转到游戏开发者那里，用于丰富游戏体验。

图 4.15　三维体素方块堆叠而成的模型

2）游戏开发器

The Sandbox 为专业开发者提供了游戏开发器，名为 GameMaker。这款工具具有强大的功能，游戏开发者不但可以设计元宇宙场景，也可以修改数字分身的属性，还可以控制玩家之间的相处模式。游戏的玩法由游戏开发者设计，他可以发挥自己的无限创意。玩家如果想在元宇宙中比别人早一步体验游戏，还可以在 GameMaker 中申请体验游戏雏形。

2. 经济系统

经济系统包括土地、通证和市场。

1）土地

和 Decentraland 一样，The Sandbox 也有许多等待出售的土地。图 4.16 是由 The Sandbox 定义的地图，横向 408 个格子，纵向也是 408 格子，共有 166 464 个格子，每个格子就是一个 1×1 的地块。The Sandbox 为了加速元宇宙生态的成型，要求每一款游戏都需要绑定到地块上才能发布。因此，很多游戏开发者为了发布游戏，首先购买了地块。游戏又是需要运营的，运营较好的游戏会吸引更多的玩家。随着流量的增加，运营得好的游戏地块周围的地块会更有价值。

2）通证

在元宇宙中，为了交换数字分身和虚拟商品（后者往往表现为 NFT），需要用到交换媒介。在 The Sandbox 的世界中使用的交换媒介是 SAND。SAND 是一款基于区块链的功能型通证，当玩家有了 SAND 后，可以在市场上购买 NFT 化的角色、道具等；当开发者有了自己的 SAND 后，便可以从普通用户手中购买场景、模型等，相当于将开发的基础工作外包给了用户。

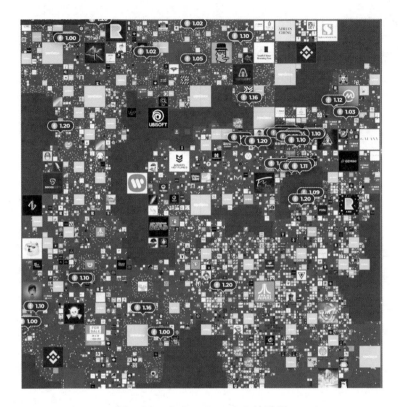

图 4.16　由 Sandbox 定义的地图

3）市场

在元宇宙中，无论是创作者创建的模型，还是游戏开发者的土地以及 The Sandbox 官方商品，想要获得利润，都要通过市场上架完成交易。在 The Sandbox 中，主要通过两个市场完成交易和流转：一个是 The Sandbox 自己的平台内交易市场，用户可以上传、发布和销售他们制作的虚拟作品（NFT）；另一个是全球最大的第三方 NFT 交易市场 OpenSea。内外两个市场帮助 The

Sandbox 完成经济生态的闭环。

总结下来，The Sandbox 将创作者内容生态和多层次虚拟经济系统结合，将 UGC 与 NFT 结合，允许任何人创作自己的虚拟角色和商品，也允许任何人交易自己的虚拟角色和商品，最终形成了一个流转不息的世界生态系统。

随着对 The Sandbox、Decentraland 等知名元宇宙平台的深入了解，可以认识到，元宇宙最大的吸引力，同时也是它最大的挑战，不在于建设一个个 3D 场景，而是场景中人与货、体验与价值的持续流转。唯有如此，元宇宙平台才有生命力。

这要求元宇宙营销的参与方要改变传统的流量思维，大胆参与生态建设，成为流转中的一环，创造而不是汲取，互动而不是广告。正是从这个角度，元宇宙已经彻底改变了营销的模式，品牌方和营销人员也必然需要革新自己的思维。

4.5.2 元宇宙重塑营销思维

前面的章节初步勾勒出人与品牌基于元宇宙场景互动的基础结构。在这个结构里，"人、货、场"的关系是流转的，"人"通过工具创造"货"（虚拟商品），甚至创造自己（数字分身）；人与人、人与物、人与场景不断通过互动体验产生交集，这类互动体验中自然也包括了交易，它是元宇宙价值流通的重要环节；哪里有人哪里

就有江湖，在人存在的虚拟社会中，人们需要规则（DAO），心理场景和物理场景（虚拟空间）一起构成了元宇宙中的互动场景。

品牌的故事就是在这样的一个个场景中、一轮轮循环中传递出去的。元宇宙世界的本质要求我们，品牌只能成为世界生态的一环，营销只能在场景中自然而然地发生。无论是 Decentraland 还是 The Sandbox，这些案例都在催促人们拥抱虚拟经济，拥抱创作者经济，拥抱社区和体验，拥抱品牌与消费者的关系改变。

1. 拥抱虚拟经济

我们认为，实体商品最大的机会是虚拟商品。

过去虚拟商品是实体商品的补充，是互联网上的"小众"生意。老一辈甚至批评年轻群体购买虚拟商品的行为是"玩物丧志"。然而，随着互联网科技对人类社会和价值观的深刻改造，人们越来越接受虚拟的价值。年轻一代正在向世界展示的是：我们虽然可以区分线上和线下、实体和虚拟，但区分两者越来越没有必要性。例如，麦当劳、奥利奥、李宁等很多公司销售自己的数字藏品。虚拟商品逐渐摆脱点缀、调剂的作用，不再是实体商品的附赠品，而真正成为了独立的商品。

拥抱虚拟经济，不是简单发售一个虚拟商品，设计一个虚拟代言人。丰富商品体系和上架虚拟商品类型只是对品牌方提出的基础要求。更重要的是重视品牌经济系统的建立，这应该是由通证、虚拟商品（NFT）、交易市场以及应用场景组成的经济系统。让品牌的消费者或商品的用户通过交易获取利益，通过体验获取品牌元宇宙中的通证，因为热爱品牌而获得收益，正如在 The Sandbox 中发生的那样。

拥抱虚拟经济，也要掌握边玩边赚的精髓。阿迪达斯数字创新的前负责人 Ryan Mullins 创立了一个虚拟品牌 Aglet，该品牌试图把现实世界和虚拟时尚世界两者联系起来，提供了一种收集虚拟版本限量运动鞋的设计工具和小游戏。在游戏中，玩家穿着虚拟鞋出行可以获得积分，这些积分可用于在商店内购买商品或抵充折扣。同时，虚拟运动鞋的限量版会掉落在城市周围，玩家可以前往这些地点并将虚拟运动鞋添加到他们的收藏中。

Aglet 不仅和知名运动鞋品牌合作，推出从 Air Force 1s 到 Yeezys 的一系列虚拟运动鞋。它在游戏中发布了自己的品牌运动鞋 Aglet 1。Aglet 1 可以为玩家量身定制，根据玩家在应用中的反馈生产实体的鞋。虽然用户、玩家、消费者的身份界限变得模糊，但他们的参与度和需求变得更真实，从而可以帮助品牌方决定应该销售什么、销售多少、在哪里销售等。

伴随虚拟经济系统的蓬勃发展，甚至可以大胆设想未来实体商品不过是虚拟商品的补充。

2. 拥抱创作者经济

2022 年 5 月，元宇宙平台 BUD 宣布完成 3680 万美元的 B 轮融资。当时有很多人诧异，它凭什么融到那么多钱？BUD 从一开始就把自己定位为 UGC 元宇宙平台，尝试满足年轻世代娱乐、创造和分享的需求。融资时，该平台上的 UGC 原创 3D 作品已经超过 1500 万件，3D 素材交易总量已超过 1 亿次，可见鼓励用户生成内容能够激发多大的生产力。图 4.17 为元宇宙平台 BUD 的部分场景。

图 4.17　元宇宙平台 BUD 的部分场景

用户生成内容并能够在元宇宙中获利，称为创作者经济。那些独立的内容创作者或工作室，如数字艺术家、摄影师、网红和意见领袖等，通过开放平台或社区发布自己的原创内容并获取收益的经济形式成为趋势。最终每个人都可以参与编辑元宇宙内容和场景，每个人既是消费者，又是生产者和创造者。从用户、工具、平台的关系出发，可以描绘出 BUD、The Sandbox 等平台的创作者经济基本模型，如图 4.18 所示。

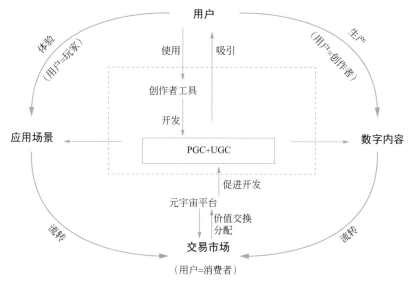

图 4.18　创作者经济基本模型

可以将品牌参与创作者经济的商业模式概括为以下步骤：

（1）形成 PGC+UGC 的创作者社区，创作者的数字分身能够获得经济系统的正向激励，比如创作者分成、版税持续激励、基于链上数据的内容优化建议和扶持等。

（2）通过区块链将数字内容资产化，允许数字资产在元宇宙场景中销售流转，开启数字品牌。

（3）通过 DAO 组织、预售、众筹、拍卖、投票等多种方式，吸引消费者、粉丝、用户参与品牌社区活动。

（4）用户玩家作为消费者，参与虚拟商品的流通，为此能获得品牌社区给予的激励，如社区利益分配、基于链上数据的服务优化、持续赋能和消费权益等。

（5）通过实体商品赋能，完成消费闭环。

这是一个理想状态的元宇宙消费生态闭环，以更多优质内容的产出吸引更活跃的用户，更多的用户带来更多的使用和更高的支付意愿。其中，用户拥有不同的身份，既可以是创作者也可以是消费者，并因为身份不同而参与的环节不同，获得不同但真实的激励，最终形成一个快速增长的飞轮。

3. 拥抱社区和体验

1）理解 DTA 的概念

早在 2021 年 11 月，耐克就在一款元宇宙平台上创建了虚拟世界 Nikeland，成为首批进入元宇宙的时尚品牌之一。在 Nikeland 中，玩家可以用各种耐克定制产品装扮自己的虚拟形象。在这里，玩家可以解锁各类耐克运动鞋、服装及配饰，如 Air Force 1、Nike Blazer、Air Max 2021 等知名款式。此外，玩家还可以玩各种体育类小游戏，利用互动材料设计自己的迷你游戏。

DTA 即 Direct-to-Avatar 缩写，意思是绕过第三方渠道，直接向用户的数字分身销售产品。品牌通过主题场景营造，将细分消费者吸引到自己的元宇宙社区，在社区中向消费者的数字分身进行商品推销。例如，上面提到的 Nikeland 就是直接将消费者吸引到自己的元宇宙社区，在社区中向消费者的数字分身销售虚拟鞋服。

DTA 为品牌带来了巨大的变化。首先，它要求品牌拓展产品维度，产品品类从实体商品扩展到虚拟商品，SKU 品类增加意味着出现新的增长点的机遇。其次，它帮助品牌洞察消费数据和消费心理，品牌通过数字化管理就能获取用户行为数据，在品牌发行实体商品之前即可清晰掌握市场动态。最后，它帮助品牌抢占商业先机，在虚拟世界中发布虚拟商品可以最快的速度将商品元素覆盖至全球，在线下同类实体商品推出之前让消费者预热起来。

假如品牌准备向市场投放自己的鞋服，但不确定哪一款式样更容易大卖。以往，品牌可能要生产出几款样品，在社交平台上招募网红种草，依据点赞和评论做决策；或者通过投放 AB 广告，测验哪一张样品图点击率高。

现在，品牌可以在元宇宙平台上鼓励用户试用虚拟商品，在虚拟商店互动。品牌监测到这些数据，便越来越靠近真实的消费需求，以此决定在现实中增加哪一款的生产量、取消哪一款、什么时候推向市场、投放多少等。

简言之，先在元宇宙世界中发布虚拟商品，当它在那里流行时，再在真实世界里发布实体商品。

2）场景即体验，体验即沉浸

Roblox 号称元宇宙第一股，和 The Sandbox 一样，用户在 Roblox 中不仅可以玩游戏，也可以开发自己的游戏。全球已有超过两百万人加入它的开发者社区，创造了数百万种可供玩家与朋友一起探索、聊天和互动的场景和体验。据称，美国 16 岁以下的儿童中有一半在玩 Roblox。

Roblox 曾为玩具品牌 L.O.L. 创作了体验式的游戏，即《L.O.L. X Roblox 惊喜派对》。在游戏中，用户可以和角色作为朋友一起玩，而不是独自玩玩具。那些娃娃粉丝来到《L.O.L. X Roblox 惊喜派对》，可以更深入地了解玩具的属性，也更好地体验到了 L.O.L. 这个品牌为自己带来的乐趣。根据 Roblox 提供的数据显示，《L.O.L. X Roblox 惊喜派对》人均游戏时长为 15 分钟，给品牌曝光带来了极大的帮助。

2021 年 9 月，Vans 与 Roblox 合作推出 Vans World 滑板公园（图 4.19），这是一个以滑板为主题的虚拟世界，用户可以在其中自由选择喜爱的装备和风格，包括滑板、服饰和鞋，尽情享受与朋友一起滑滑板的快乐时光。玩家在体验过程中还能触发一种机制，获得独家 Vans 装备。

图 4.19　Vans World 滑板公园

元宇宙音乐会，元宇宙观影，元宇宙会议室，元宇宙运动会，元宇宙派对……一幅创新商业发展图景正缓缓展开——场景即体验。在场景互动中，没有人喜欢被广告打断，品牌在元宇宙世界植入广告时要避免打扰社区互动、破坏场景感。品牌应该利用游戏或活动设置，鼓励用户积极参与更自然的营销活动。正如 Roblox 上的许多案例，只有那些与 Roblox 开发者社区紧密合作，吸引用户广泛互动的项目才更具有吸引力。

归根结底，打磨元宇宙场景才是打造消费者沉浸式体验的钥匙。元宇宙是一场沉浸式体验的游戏，内容开发者正在通过元宇宙游戏赋予人们在数字世界中的创意表达能力，平衡虚拟世界与现实世界的差异。元宇宙中的游戏不是简单地提供单一的游戏体验，而是逐渐扩展到人们方方面面的需求。品牌方不妨将自己当作一个游戏开发者、一个场景设计师，将品牌故事融入体验之中。

4. 拥抱品牌与消费者的关系改变

传统营销、互联网营销和元宇宙营销的对比如表 4.6 所示。

表4.6　传统营销、互联网营销和元宇宙营销的对比

对比项	传统营销	互联网营销	元宇宙营销
核心	触达	精准	沉浸与交互
互动主体	线下的人（观众）	浏览的人（网民）	数字分身
形式	以电视、报纸、户外广告等形式为主，内容统一，以图文视频为主，互动性差；用户是广告的终点，被动接受品牌信息	以线上推广、社交媒体种草为主，内容千人千面，多为图文、音视频，互动性强；用户作为信息扩散和生产的节点	高沉浸式内容提升用户体验，内容形式有虚拟演唱会、虚拟会议、社交搭建、数字展览等；用户作为品牌内容的一部分，参与内容设计和生产
平台	传统媒体平台	多个中心化的网络平台	虚实交融的开放元宇宙空间

我们确信，元宇宙已经改变了品牌与消费者的关系。这也促成了用户角色的变化，他们当然是消费者，购买品牌提供的虚拟商品和服务；他们可以是玩家，参与品牌空间体验和互动，帮助品牌进行数据洞察；他们也可以是创作者，参与创造品牌内容和生产设计，提供无限创意；他们还可以是品牌推广者，在社区宣传品牌理念和新品，并为此获得品牌提供的通证或虚拟商品。这种变化不是单向的，同一个身份可以扮演不同的角色，呈现用户角色的多样性和复

杂性，反过来要求品牌打造立体的身份，既是服务者也是合作者，既是卖方也是买方。只有意识到品牌和消费者关系的变化，才能在未来讲好品牌故事。

4.5.3　元宇宙深刻影响品牌和商业的未来

2021 年 7 月，数据调研机构 Wunderman Thompson Data 对中国、美国、英国的 3011 个受访者进行了调研，收获了一份令品牌方和营销界既惊喜又苦恼的结果：76% 的人更乐意与数字品牌建立联系；66% 的受访者认为自己与拥有强大数字影响力的品牌关系更密切；61% 受访者说，如果一个品牌没有数字产品可能会忘记它。

或许在我们尚未意识到的情况下，元宇宙已经彻底塑造了消费者的心智。对于大部分人来说，所谓巨变其实有迹可循，只是在它动摇你的思维方式之前，你都毫不在意。商业生态不是一夕之间改变的，最可怕的是无知无觉。如果一个品牌忽视元宇宙营销，未来的某一天会不会有一个新的组织走进来，对你说："想要链接元宇宙生态系统吗？我们可以帮你扩大规模，但我们想要公司 51% 的股份。"本书如果能提醒品牌注意这场眼前的改变，而不是无知无觉，本书的目的就已经达成一半了。

在 4.1 节，提出了这个问题：元宇宙将如何重塑商业以及人们的营销思维？如果前面的内容解答了这个问题并让您有所启发，那么本书就实现了全部的价值。随着元宇宙的发展以及对现实生产生活的不断改造，这个答案必然失去意义，但有一点永远有意义，那就是我们需要不断重塑思维，迎接变化。

行文至此，回到关乎自身的话题。我们应该怎么做？品牌营销机构和专业人士迫切希望知道自己应该怎么做，并且希望是可落地施行的建议，而不是夸夸其谈。本书给出几个应变的建议。

1. 打造内容优势

如果将品牌营销体系改造成创作者经济还存在难度，那么将组织结构改造成 DAO 就无异于痴人说梦。即使理解了变化，但传统企业组织迟缓的行动也会让这一改变发生在更久远的未来。The Sandbox 作为元宇宙探索先锋也认为不可操之过急。他们期待在未来两年，通过基金资助并授权游戏项目和艺术家构建一个超过 75 万名成员的大型社区，从而渐进式地推进 The Sandbox 的生态体系。

当下，创作者经济、DAO 对品牌的要求可以简化为更容易落地的工作，打造"技术→内容→运营→品牌"的核心优势。品牌营销机构和专业人士可以这样做：采用技术工具，以技术驱动品牌内容的生产；以用户产生的优质内容为载体，传递品牌故事和理念；将内容布局到元宇宙中，应用到新场景里，构建品牌壁垒；打造一支专业的元宇宙运营团队，配合人工智能技术，及时响应用户的反馈，从而调整品牌内容策略。对于品牌方来说，口碑营销、网红营销仍然有用。但是，鼓励社区用户参与、创造，乃至将最终的用户创造成果纳入营销计划，才是元宇宙营销的灵魂。

2. 采用人工智能技术

创作者经济形态也驱动内容生产方式发生了演变，AIGC（Artificial Intelligence Generated Content，人工智能生成内容）成为了热门名词。通过人工智能直接创作数字作品，例如生成画作、音乐、视频、文章等，并且允许作品在交易市场中流通，已经是许多元宇宙社区的常规操作。人们对内容的需求越来越旺盛，尤其元宇宙需要的是对整个世界的建构，此前的内容生成模式已经不能满足场景丰富性的要求，内容产业必须升级迭代，所以 AIGC 成为继UGC、PGC 之后的新一代内容生产方式。

伴随虚拟商品的兴起和 DTA 模式的成熟，产品从创意、生产到消费者使用的周期变得极短。消费者对产品品质、设计感的要求将会提高。为了响应消费者日益多样化、个性化的需求，品牌方有必要采用类似 AIGC 技术在内的人工智能技术，实现定制化设计，满足多层次场景需求；也需要在品牌元宇宙场景中引入人工智能对互动体验的重要节点进行采集，对数据进行分析，从用户行为中找出消费者的真实需求。

3. 营销专业人士要具备多元能力

市场对品牌营销专业机构和专业人士的要求原本就非常高，需要既富有创意又兼具数据分析和理性判断的能力，在具备优秀的表达能力之外，还能够独立完成创意策划，在必要时能够和团队充分协作，具有良好的执行力。

元宇宙营销时代到来后，市场对品牌营销机构和专业人士的要求不仅没有降低，而且更加挑剔。以下是一些要点：

（1）数字内容生产能力。能够借助制作工具快速生成图文、视频内容，借助直播系统扩大经济服务效益，还能通过创作者社区快速孵化 IP，进行版权衍生和品牌联名等。

（2）数字营销传播能力。能够驾轻就熟地掌握元宇宙世界的规则，并在不令用户厌烦的情形下传播品牌故事，达成品牌诉求。

（3）数据分析和洞察能力。能够从元宇宙场景中的各类行为数据中提炼出关键指标和结论，反馈到实际生产中，帮助企业提高效率。

（4）融合场景运营能力。能够跨平台、跨场景、跨终端举办多种类型的品牌活动，如会议、展览、新品体验等，最终扩大品牌影响力。

总之，需要掌握和操作大量数字工具，借助这些工具将营销润物细无声地植入互动场景中。一个专业的营销人士抵得上千军万马，在元宇宙经济系统中，个人创造的收益也会收获无限通证。

4.6 案例

前面介绍了国内外众多的基于元宇宙场景的应用案例和企业，如 Decentraland、Roblox、区块乐园等。本节继续介绍几个有代表性的元宇宙营销案例，以中国本土商业实践案例为主，以期让本土读者从中获得借鉴。

4.6.1 咖菲科技的星际岛

星际岛是咖菲科技公司研发的数字藏品展示互动平台。在星际岛上，不仅可以实现数字藏品跨链聚合展示、对外社交分享，还能实现人工智能互动（图 4.20）、AR 沉浸交互体验等功能。咖菲科技公司作为国内数字藏品先行者，一直在深耕数字藏品开发，多种技术能力丰富了数字藏品的可玩性，提高了新生代用户的元宇宙体验感。

撸猫是现代人的心理治愈良方。咖菲科技公司的星际岛则实现了让藏家在元宇宙"电子撸猫"。StarCatus 星菲猫是登录星际岛的第一款人工智能 NFT。在星际岛上，藏家可以与这群居住在区块链上的星菲猫进行语音和文字沟通。当你冷了，它会关心你这个"脆弱的人类"；当你有不懂的问题，它可以为你搜出答案；更重要的是，它肩负着元宇宙知识科普的重任。以上功能有赖于咖菲科技公司与小 i 机器人、微软语音的深度合作，让这款具备情感识别、问题智能搜索的交互式数字藏品在星际岛上变得更加鲜活，突破了"一张小小图片"的界限。

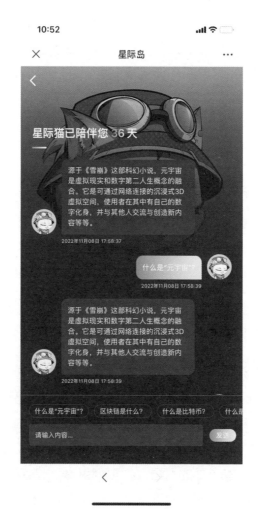

图 4.20　实现了人工智能互动功能的数字藏品——星际猫

在星际岛上,数字藏品还具备增强现实技术(AR)功能。在"大唐 3D 博物馆"系列数字藏品中,藏家可以直接将文创产品投射到现实生活中,只要点击图标,艺术作品便与手机屏幕中的高楼大厦奇妙地融合,数字世界与现实世界的边界顷刻消融(图 4.21)。数字藏品原来还可以这么玩儿。

图 4.21　具备增强现实功能的数字藏品

咖菲科技公司的星际岛为数字藏品拓展应用价值提供了丰富范例,也让人们对"货"与"场"的结合有了具体的想象空间。AI、

AR 等多种交互技术的融入，在不断推动数字藏品价值提升的同时，也让数字体验和场景落地变得更容易。随着各类服务商、技术团队的不断努力，虚拟场景应用将迎来爆炸式发展。

4.6.2 康师傅的元宇宙小镇

"红烧牛肉面，就是这个味儿"这句经典广告词是康师傅在一代人心中温馨的回忆。对于老品牌来说，跟上时代脉搏，不断推陈出新，才能不被市场淘汰，康师傅在 2022 年敏锐地把握元宇宙概念，在开学季推出元宇宙寻味小镇，期待实现品牌年轻化。

元宇宙寻味小镇是一个采用云渲染方式构建的虚拟小镇，面积超过 3 万平方米，如图 4.22 所示。其中设置了各类主题展馆，如

图 4.22 康师傅元宇宙寻味小镇

以康师傅经典红烧牛肉面（图 4.23）、汤达人等产品为主题的展馆、呈现中国饮食文化的寻味馆等。品牌的消费者作为玩家除了可以在各展馆中游览以外，还能在小镇中观看直播，体验各类小游戏，并收获各项虚拟商品或实物商品奖励。

图 4.23　康师傅经典红烧牛肉面主题展馆

小镇用户可通过控制屏幕软键盘，像在真实生活中行走一般自如行动。小镇内还允许用户在第一视角和第三视角来回切换。用户到各种场馆游玩参观，可能会偶遇小镇虚拟人吉祥物康宝宝，只要回答他的问题就能赢得积分，还可以接受康宝宝的合影邀请。

此外，为链接更多年轻用户，康师傅联合 B 站开展寻味派对，将康师傅元宇宙寻味小镇和 B 站直播间进行结合，通过有趣的游戏和风格突出的 UP 主参与，让用户感受到康师傅品牌的年轻化。

与别的品牌尝试元宇宙不同,康师傅打通了从元宇宙到电商平台应用的跳转路径。用户玩家可以秒变消费者,在元宇宙世界下单采购,实现了真正意义上的线上和线下渠道结合。康师傅还将元宇宙寻味小镇嫁接于品牌自有的小程序中,不仅有助于私域沉淀数据资产,也带来了积极的流量转化。根据康师傅官方数据,康师傅的私域流量池已经沉淀了超过 1200 万份用户数据资产。小程序等私域工具的加持对年销售额的贡献超过 1 亿元。

通过康师傅的案例,我们看到品牌方借助逐渐成熟的元宇宙技术发挥了它链接虚实世界的优势,在私域社区中传递品牌故事。

4.6.3 天猫超级品牌日"双11元宇宙交响音乐会"

因为新型冠状病毒感染等多重原因,近两年电商双十一消费数据不尽理想。各大电商平台挖空心思在营销方式上推陈出新,希望获得更多消费者关注。2021 年的天猫超级品牌日充分结合元宇宙手段策划了一场名为"双 11 元宇宙交响音乐会"的营销活动,给人留下深刻印象。

"双 11 元宇宙交响音乐会"借助全息投影技术复活音乐大师贝多芬,让其数字分身出现在音乐会舞台上空。"数字贝多芬"以 3D 方式隔空指挥,和靖海音管弦乐团一起奏响第九交响曲中的《欢乐颂》。在交响乐演奏过程中,乐手们使用的乐器也由实化虚,双簧管、大提琴、钢琴、定音鼓纷纷变成品牌联名的数字虚拟乐器。

原来，天猫超级品牌日专门为 10 个合作品牌定制了 10 款数字虚拟乐器。每一款乐器都根据旗下产品特点来设计，融入了品牌元素及特点。例如，可口可乐感官漫游者定音鼓（图 4.24）以可乐瓶作为燃料罐环绕在鼓身周围，鼓面的感应光圈会在演奏时随之亮起，鼓架下方的水晶液体随着音乐上下起伏跳动，就如同畅饮可口可乐带给人们的享受。最终这些虚拟数字乐器在靳海音管弦乐团的乐手们手中奏响，在音乐大师贝多芬的数字化身指挥下，演绎大众熟悉的《欢乐颂》旋律，凸显了快乐消费和生活的品牌日寓意。相

图 4.24　可口可乐感官漫游者定音鼓

比于传统的音乐会现场，"双 11 元宇宙交响音乐会"数字虚拟技术与舞台的融合，使得观众在体验上更为立体化，品牌也借机传达了拥抱科技、拥抱粉丝的思想。

10 款品牌联名数字虚拟乐器也将作为数字藏品在淘宝店铺发售。除了这 10 款数字虚拟乐器，天猫超级品牌日还联合了其余 100 家知名品牌打造了"超级品牌数字殿堂"，每一个品牌的精美数字商品将以限定形式在淘宝店铺中同步发售。将双 11 的销售商品品类由实体商品扩展到虚拟商品。

其实早在双 11 前夕，天猫超级品牌日就签约了现象级虚拟偶像 AYAYI（图 4.25）作为数字殿堂和配套数字艺术展览的数字主理人，通过元宇宙艺术展形式，邀约品牌方入驻和设计自己的虚拟艺术商品。当消费者为购买虚拟艺术商品进入店铺时，第一眼就看到面庞靓丽的 AYAYI，由她全方位介绍商品的背景信息和品牌故事，实现了与消费者的深度沟通。

虽然元宇宙营销概念比较超前，但天猫超级品牌日在"双 11 元宇宙交响音乐会"的打造上并没有一味追求制造噱头，而是根据双 11 的定位和消费者审美趣味的变迁，设计了一系列符合年轻受众偏好的玩法。数字贝多芬、数字主理人、数字乐器和商品、元宇宙艺术展和音乐会，天猫率先将"人、货、场"搬进元宇宙，敏锐地抓住元宇宙和虚拟经济市场。这表明数字营销新时代正在到来。

图 4.25　天猫超级品牌日的数字主理人 AYAYI

4.7　对营销人员的建议

本书不打算将元宇宙称为营销革命，因为它的大部分已经存在了一段时间，但它的确是一个快速发展的营销手段，充满新的机会和挑战。以下是本书对营销人员的一些建议：

（1）目标要有针对性。你的目标用户或消费者是谁——是对元宇宙等新技术抱持开放态度的年轻人，还是经验丰富的企业领袖和专家，亦或者是老一辈？他们对元宇宙的接受程度不同，在你大踏步拥抱新手段的时候目标要有针对性，有时候要避免操之过急。

（2）从低成本、低风险的营销手段入手。元宇宙提供了一系列营销手段，并不意味着所有品牌都要照单全收。你可以加快行动速度，尝试数字藏品、元宇宙展览、虚拟旅游等低成本、低风险的营销手段。

（3）坚守道德要求。新技术给了许多品牌控制用户数据、掌握用户隐私的超级权力。品牌方不要走入歧途，滥用手中权力。品牌方应坚持品牌价值，采取一切可能的措施使品牌的虚拟世界安全且合乎道德标准，最终传递符合道德要求的品牌价值观。

（4）为更大的转变做好准备。除非你是一家游戏公司或社交平台，否则元宇宙营销目前可能只是你众多选择中的一项副业。就像互联网营销最初的模样，唯有随着互联网的发展，品牌方的广告预算才会逐渐分配到搜索引擎、社交平台、短视频中，直至完全颠覆传统的营销模式。你可以与新的技术供应商或平台提供商保持合作，了解最新的玩法，持续关注新的动向，做好随时全力投入的准备。

　　总而言之，元宇宙虚拟世界是一个激动人心的新发展，它提供了接触消费者和客户的新路径。如果你还没有开始，无须担心，现在仍有充足的时间采取行动并获得领先地位。

后记

在元宇宙开启第二人生

我们不是历史的创造者，我们是历史造就的。

——小马丁·路德·金

2018 年上映的电影《头号玩家》被认为呈现了最符合当今人类想象的元宇宙形式。在电影中，男主角戴上 VR 头盔，就能进入另一个极其逼真的虚拟游戏世界——"绿洲"。男主角通过目镜设备身处于计算机绘制的虚拟世界，看到元宇宙的景象，那里灯火辉煌，数百万人在中央大街上穿行，并且可以在其中建造楼宇、公园及各种比现实更科幻的景象。

元宇宙是这两年爆火的概念。它是一个脱胎于现实世界，又与现实世界平行、相互影响，并且始终在线的虚拟世界。简单地说，除了吃饭、睡觉外，人们可以在元宇宙中做任何事，在这里生活、交流、购物、游戏、参与活动、享受服务，包括与虚拟朋友在线交流、购买虚拟物品、获得虚拟资产等。这些服务都将拓展人们对元宇宙的认知，构建比现实世界更神奇的平行宇宙。

在科幻小说《雪崩》中，元宇宙是一个高度自由的社会，被距离所阻隔的人们可以通过各自的化身交往，度过闲暇时光。

元宇宙为我们提供了一个虚拟、3D 却又无比真实的网络空间，而用户利用数字分身畅游其中，这将重新定义用户的交互对象与交互方式。在未来，人们将通过数字分身参与社交、游戏以及各类娱乐和商业活动。

《纽约时报》将元宇宙描述为"虚拟现实和数字第二人生……我们会花很多时间在虚拟空间中与朋友和同事互动……我们也会在那里花钱"。

未来，大部分人都将生活在一个与现实世界平行的虚拟世界，这个虚拟世界和我们生活的现实世界相通。说得更具体一些，在未来，现实世界负责的是人类的基本需求，而平行世界负责的则是我们的精神需求。当物质供给越来越丰富后，人们在精神需求方面的投入必然更多。元宇宙显然是一个更广阔无垠、可以寄托和承载人们无限精神需求的理想世界。

也许你对自己的现实生活有太多的不满意，甚至你觉得自己不够漂亮、不够高、不够有魅力；嫌自己在工作单位人微言轻，满腹经纶却无用武之地；嫌生活中的种种束缚、障碍让你举步维艰，无法施展才华；你甚至有些灰心丧气，有些遗憾，却又对当前的生活无能为力。但你至少还可以选择重新开始——在这个被视为"第二人生"的虚拟世界里。

《第二人生》是由林登实验室在 2003 年发行的一个网络虚拟

游戏，该游戏在一个普通的虚拟社区基础上提供高层次的社交网络服务。玩家作为该虚拟社区的居民，可以经营有立体感的虚拟建筑，参与群体活动，从事经济活动，甚至交易虚拟财产。

如果现实中的你过得不如意，你能在元宇宙开启第二人生。自定义的虚拟化身可以完全抛开根深蒂固的世俗观念，包括那些一直束缚你放飞自我的想法，你也无须顾及现实的桎梏。很多时候，偶像其实是我们"梦想成为的自己"，他们完成了那些我们或许在现实生活中无法企及的事情。元宇宙的出现给予了我们可以选择"做更好的自己"的机会和舞台。

元宇宙最吸引我们的就是可以实现很多在现实中难以做到甚至无法想象的事情。在元宇宙中，你将拥有一个崭新的、和现实中的自己完全不同的新身份，你可以在元宇宙的虚拟世界中学习、生活、社交、工作，你可以改变性别、外貌甚至物种（变成小动物）。你可以在元宇宙中学习高深的知识。你可以在元宇宙中工作，在虚拟世界中赚的钱，在现实世界中也能花。你甚至可以在元宇宙中买房买地，建造自己的梦想家园，工作内卷、住房危机、天价医药费从此与你无关。

电影《无问西东》中有一句台词："如果提前了解了你所要面对的人生，你是否还会有勇气前来？"这个问题充满着浓厚的元宇宙哲学意味。相信大多数人很难立即回答。但是，在元宇宙中，你至少可以放下包袱，摆脱现实束缚，去创造你梦寐以求的人生。

2022 年 7 月 19 日消息，特斯拉 CEO 埃隆·马斯克表示，他已经将自己的大脑上传到云端，并已经与自己的虚拟版本交谈过。也许在不远的未来，人类就可以像动漫描述的一样，有机会前往游戏世界中开启自己的第二人生。

未来，随着元宇宙的发展，虚拟世界和现实世界之间的界限会越来越模糊，每个人在元宇宙中都将拥有代表自己数字身份的虚拟数字人。在这样的元宇宙中，个人可以拥有不止一个身份。现实中的个人可能只有一个；但在元宇宙中，个人可以是扩展后的自我，也可以具有多个存在和身份，人们在数字世界中甚至可以拥有几十个身份。

元宇宙作为人类文明进入下一纪元的宏大叙事体系，其划时代的历史意义不亚于此前的大航海时代、工业革命时代。元宇宙本质上将把我们从互联网 2.0 时代（通过社交网络将人和人连接起来）带入互联网 3.0 时代，让人、空间和事物无缝隙、无痕迹地深度连接，让虚拟和现实之间的界限真正消失。

柏拉图在《理想国》第 7 卷中讲述了一个耐人寻味的洞穴寓言：一群囚徒被铁链锁在山洞里面，他们的头部只能面向石壁，光源在他们的身后，他们却看不见。他们看到的仅仅是各种事物在光线的作用下投射到石壁上的影子，他们把这些影子当作真实的事物。终于有一天，其中一个囚徒成功地弄断了铁链，跑出洞穴，看到了太阳以及阳光下真实存在的事物。这个人跑回洞穴，将他亲眼所见的实际情况告诉其他囚徒。那些人不是认为他的眼睛被外面的世界弄坏了，就是嘲笑他的疯狂。

用一种流俗的解释，柏拉图的洞穴寓言表达的是感性世界的幻象与理念世界的真理之间的矛盾和冲突。但它的寓意显然并非仅仅暗示人们有限的认知下的虚拟世界以及认知外无限的真实世界，值得人们进一步追问的是：究竟是在什么人的精心安排下，这群被封闭于洞穴之中的囚徒才会如此执迷于冰冷石壁上的苍白幻象？于是柏拉图的洞穴寓言有了后续的发展：随着洞穴之外的信息不断传入洞内，越来越多的囚徒想要砸断铁链，走出洞穴认识真实的世界。洞穴支配者相当清楚，一味禁止只会让囚徒更加向往洞穴外的光明，于是他们主动卸除了囚徒的铁链，但在通往洞穴外的道路上精心安排了一批据说亲自去过洞穴之外的引导者，这些引导者会将囚徒引向洞穴支配者利用各种技术建构而成的拟态环境，并借助精巧的话术让囚徒去崇拜高高悬挂在那里的人造太阳。这种人造太阳同样散发出耀眼的光芒，但它与真正的太阳的不同之处在于，它的光芒不会激发人们与黑暗抗争的斗志，只会魅惑人心地诱使人们与黑暗和解；它的光芒不会激发人类的自由思想与生命力，只会把思想的荒漠炙烤得更加荒凉。即便其中偶然出现少许清泉，但总是很快就蒸发了。

柏拉图可能是最早怀疑世界是一个游戏的人。关于虚拟和现实的问题，他认为，我们感知的一切事物都只是模拟，如同洞穴中的奴隶所见的石壁上的影子，感觉经验的世界是"现象的、变化的和模拟的",而理智概念的世界是"本质的、不变的和真实的"。在"世界是虚拟的"这一观点上,他并不孤单。哲学家笛卡儿在《第一哲学沉思录》中讲述了这样一个大胆的寓言:假如有一个恶魔,它可以任意修改并欺骗我的五感。如果我所看到的、所闻到的、所听到的、所尝到的、所摸到的,都可以被这个恶魔修改,那么我该如何确定现在的我是否正在被这个恶魔欺骗呢?如果我不可避免地被恶魔所欺骗,我无法分辨现实是恶魔创造的幻象还是真实,那么,有没有什么事物是可以确定为真实存在的呢?

我们很难证实元宇宙是不是拟态环境,甚至连现实世界是真实存在还是洞穴投影都无法确定。科幻作家刘慈欣说:"人类的面前有两条路。一条向外,通往星辰大海;一条向内,通往虚拟现实。"问题是你怎么知道所谓的星辰大海不是人类编织的另一个虚拟现实的感人故事。正如王阳明所说的那样:"你未看此花时,此花与汝同归于寂;你来看此花时,则此花颜色一时明白起来。"到底是选择星辰大海,还是活在虚构的世外桃源,其实都不重要,比这更重要的是来自灵魂深处的拷问:繁华落尽,汝归何处?

阅尽千帆终不悔,此心安处是吾乡!